George Steinmetz

MEER AUS SAND

George Steinmetz

MEER AUS SAND

Eine spektakuläre Reise ins Herz der Rub al-Khali

Für Lisa und ihre grenzenlose Liebe

Aus dem Englischen von Verena Küstner

FREDERKING & THALER GEO

EXPEDITIONEN

»Der Raum ist offener dort oben
In den unbegrenzten Himmelsweiten.«

Dr. Seuss, *Oh, the Places You'll Go!*

Vorhergehende Seiten:
Aderdünen, Shaqqat al Kharitah, Saudi-Arabien; Komplexe Sicheldünen, Uruq al Mutaridah, Saudi-Arabien;
Sterndünenketten, Uruq al Mutaridah, Saudi- Arabien; Sterndünen, Ramlat Fasad, Oman; Straße nach Sharurah, Shaqqat al Kharitah, Saudi-Arabien
Rechte Seite: George Steinmetz fliegt mit seinem motorisierten Gleitschirm über Shibam, Saudi-Arabien

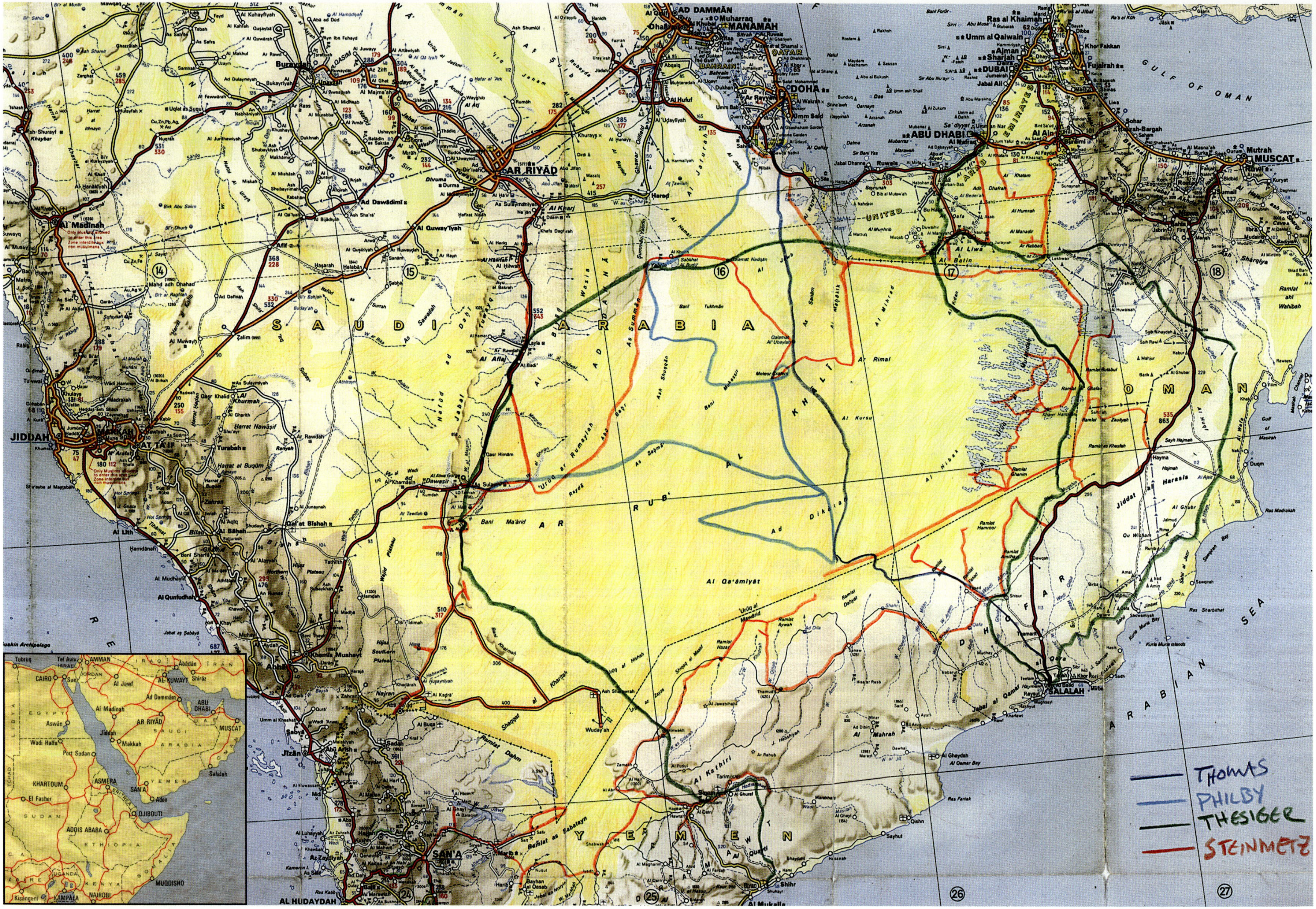

Michelin-Karte von George Steinmetz auf welcher seine Expeditionsrouten und die der anderen Forscher eingezeichnet sind.

»Abgeschiedenheit, Engstirnigkeit und Intoleranz haben hier eine lange Tradition. Deswegen blieb ein Gebiet, halb so groß wie Europa, ein blinder Fleck auf unseren Karten.«

Bertram Thomas, *Arabia Felix*

Ich hörte 1979 erstmals vom »Leeren Viertel«, als ich als junger Mann Wilfred Thesigers *Die Brunnen der Wüste* las, einen Abenteuerbericht aus den 1940er Jahren über seine beiden Durchquerungen der extremsten Wüste der Welt.

Als ich vor einigen Jahren eine Karte dieser Gegend studierte, war ich fasziniert von dem riesigen, leeren Niemandsland, das Saudi-Arabien, den Oman, den Jemen und die Vereinigten Arabischen Emirate voneinander trennt. Dieser Teil der Karte erschien mir trotz seiner enormen Größe rätselhaft leer, weil das »Leere Viertel« bis dato kaum erforscht worden war. Diese unermesslich weite Sandwüste, die sich über 780 000 Quadratkilometer erstreckt, ist größer als Frankreich, Belgien und Holland zusammen. Hier liegt die heißeste Region der Erde, denn im Sommer erreichen die Temperaturen bis zu 61 °C im Schatten. Damit ist diese Wüstenregion neben den Polkappen eine der unwirtlichsten Gegenden unseres Planeten.

Der Ursprung des Begriffes »Leeres Viertel« ist fast so mysteriös wie die Gegend selbst. Er ist eine direkte Übersetzung des arabischen *Rub al-Chali*, aber woher dieser Begriff kommt, ist unklar. Manche meinen, er stamme aus dem Buch des arabischen Seefahrers Ibn Madschid. Andere sagen, dass der Name von frühen europäischen Forschungsreisenden komme, die über viele Jahrhunderte hinweg immer wieder in die Region vordrangen. Oder er beziehe sich darauf, dass ein Viertel der arabischen Halbinsel nur von Sanddünen bedeckt ist.

Bis 1979 hatten erst wenige ausländische Expeditionen die Wüste durchquert. Thesiger schrieb: »Dieses grausame Land kann einen so verzaubern wie keine gemäßigte Klimazone.« Als junger Mann, der die Welt erforschen wollte, sehnte ich mich danach, diesem Zauber zu erliegen und den leeren Raum auf der Karte mit meinen eigenen Erfahrungen zu füllen. Ich beschloss, eines Tages selbst dorthin zu reisen.

Nach mehr als 20 Jahren bot sich 2001 schließlich die Gelegenheit, das Leere Viertel zu erkunden. Ich arbeitete seit vielen Jahren als Berufsfotograf, und entlegene Gebiete waren mein Spezialgebiet. In den späten 1990er Jahren hatte ich damit begonnen, die Wüsten der Welt aus der Luft zu fotografieren. Dazu hatte ich gelernt, einen motorisierten Gleitschirm zu fliegen, mit dem ich abgelegene Landstriche erreichen konnte, von denen viele noch nie zuvor fotografiert worden waren. Mein Projekt hatte mich schon in die Sahara, in die Wüste Gobi in China und in die chilenische Atacamawüste geführt. Nach fünf Jahren war ich bereit für den großen Bruder all dieser Wüsten, den Thesiger einfach nur »die Sandwüste« genannt hatte.

Ich wusste, dass die Welt der arabischen Nomaden ein halbes Jahrhundert nach Thesiger weitgehend verschwunden ist, aber die extreme Natur des Leeren Viertels faszinierte mich nach wie vor. Mein motorisierter Gleitschirm bot eine einzigartige Möglichkeit, die riesige und entlegene Landschaft zu erforschen. Aber es galt erhebliche Hindernisse zu überwinden. Circa 80 Prozent des Leeren Viertels liegen in Saudi-Arabien. Und obwohl sich dieses Land seit der Entdeckung von Erdölvorkommen im Jahr 1938 drastisch verändert hat, ist es für einen nicht-muslimischen Reisenden beinahe ebenso schwierig, das Königreich zu besuchen, wie im Jahr 1946, als Thesiger mit vier Beduinen und einer Reihe von Kamelen zu Fuß aufbrach. Ein Fremder mit einem Koffer voller Kameras ist in Saudi-Arabien noch weit weniger willkommen. Darüber hinaus brauchte ich auch noch eine Genehmigung, um mein abenteuerliches Fluggerät importieren und fliegen zu dürfen. Die Hindernisse waren – gelinde ausgedrückt – entmutigend, aber ich war entschlossen, eine der extremsten Landschaften der Welt aus einer neuen Perspektive zu fotografieren.

AUFBRUCH

Alles begann sich zu fügen, als ich 2001 in der Zeitschrift *Saudi Aramco World* las, dass Saudi-Arabien begann, sich ausländischen Touristen zu öffnen. Dies geschah auf eine Initiative des Prinzen Sultan bin Salman, eines Neffen des jetzigen Königs. 1985 war Prinz Sultan als Nutzlastexperte auf der ame-

Wilfred Thesigers Klassiker *Die Brunnen der Wüste,* 1991er Ausgabe

Thesiger in den Vereinigten Arabischen Emiraten (VAE), 1948

George Steinmetz im Flug, Umm az-Zamul, VAE, 2008

rikanischen Raumfähre *Discovery* der erste Araber im Weltraum gewesen. Ich beschloss, ihn zu kontaktieren, da er als Astronaut meinen Wunsch, die Wüste aus der Luft zu erkunden, wohl verstehen würde und meinem Anliegen über die Hürden der königlichen Bürokratie helfen konnte. Ich dachte mir, dass er es vielleicht zu schätzen wüsste, dass wir beide über den gleichen Flecken Sand fliegen wollten. Er war im schnellsten und schwersten Fluggerät geflogen, das je erfunden wurde, während ich das Leichteste und Langsamste benutzen wollte. Aber bevor ich um Erlaubnis bitten konnte, musste ich wissen, wonach ich fragen musste.

Im Internet fand ich einige alte Luftfotos des Leeren Viertels, die in den 1950ern von einem Geologen aufgenommen worden waren. Die Bilder waren absolut surreal, ähnlich wie die Oberfläche des Mars, mit Dünen, die wie riesige orangefarbene Baiserkringel wirkten, die in perfekten Reihen auf einer endlosen Ebene lagen. Aber ich wusste nicht, wo im Leeren Viertel die Bilder gemacht worden waren. Im Internet stieß ich schließlich auf Ron Blom, einen Forscher am *Jet-Propulsion*-Labor der NASA im kalifornischen Pasadena, der die Satellitenbildtechnik mit entwickelt hatte, um alte Karawanenstädte unter dem Sand zu entdecken. Rons Bilder zeigten den entlegensten Teil der Wüste, wo Saudi-Arabien, der Oman und der Jemen aufeinander treffen.

Die bizarrsten Dünenformationen lagen ganz im Osten von Saudi-Arabien, wo Ketten von 244 Meter hohen Sterndünen wie bei einer riesigen Rasterblende zusammenlaufen und auch das beste Team aus Autos und Fahrern in die Falle locken konnten. Aber wir würden sehr nah an dieses Gebiet heranfahren müssen, da ich mich mit meinem zerbrechlichen kleinen Fluggerät nicht weiter als zehn Meilen von einem Rettungsfahrzeug entfernen wollte. Die Vorstellung, bei 49 °C in einer dieser tödlichen Sandfallen steckenzubleiben, war beängstigend, weshalb ich nach Karten suchte, um durch dieses Labyrinth aus Sand zu steuern. Marianne Alireza, eine amerikanische Autorin, die in Kalifornien lebte und einst mit einem Saudi verheiratet gewesen war, hatte kleine Touristengruppen nach Saudi-Arabien begleitet und lieh mir freundlicherweise einen Satz alter topografischer Karten des Königreiches. Sie waren vom *US Geological Survey* für die Suche nach Öl erstellt worden, weswegen sie unglaublich detailliert waren. Aber ihre Zuverlässigkeit war natürlich – wegen ihres Alters – fragwürdig. Nun, da ich eine Vorstellung davon hatte, wo ich hin wollte, musste ich mich um die Finanzierung kümmern.

Im September 2001 reiste ich nach Hamburg, um das Magazin *GEO* davon zu überzeugen, dass es von Vorteil sei, meine Expedition zu finanzieren. Der Chefredakteur der Zeitschrift, Peter-Matthias Gaede, war zwar interessiert, bezweifelte aber, dass ich von den Saudis die Erlaubnis bekäme. Während meiner Reise nach Deutschland ereigneten sich die Terroranschläge in den USA, weswegen die Redakteure der Zeitschrift es für sehr unwahrscheinlich hielten, dass ich nach Saudi-Arabien würde einreisen können. Aber es war eine verstörende und verwirrende Zeit direkt nach den Anschlägen von 9/11, und viele Menschen waren erfüllt von Anteilnahme und Mitgefühl für die Vereinigten Staaten. Ich fühlte, dass dies der perfekte Augenblick sein könnte, um die Erlaubnis der Saudis für etwas zu erlangen, das zu jeder anderen Zeit unmöglich gewesen wäre.

Ich kontaktierte Prinz Sultan über Iyad Alzaru, der in Riad ein Reisebüro leitete. Iyad beschaffte mir die nötigen Visa und Genehmigungen. Als die Welt erfuhr, dass die meisten der Terroristen vom 11. September aus Saudi-Arabien kamen, hielten mich meine Freunde und meine Familie in Amerika für verrückt, weil ich ausgerechnet nach Arabien wollte. Aber ich hatte auf diese Reise zwanzig Jahre gewartet. Ich war dazu entschlossen, und *GEO* gab mir die Zusage, das Ganze zu finanzieren, wenn ich wirklich ins Land käme.

Nach Monaten mit vielen E-Mails und unverbindlichen »Vielleichts« bekamen wir – nur Tage vor unserer Abreise – unsere Visa und die endgültigen Genehmigungen.

George Steinmetz im Flug über dem Wadi Mitan, Oman, 2004

Uruq al Mutarida, Saudi-Arabien in den 1950er Jahren

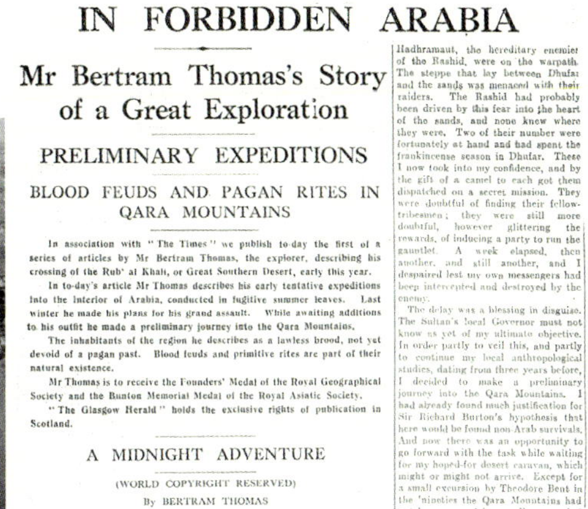

IN FORBIDDEN ARABIA

Mr Bertram Thomas's Story of a Great Exploration

PRELIMINARY EXPEDITIONS

BLOOD FEUDS AND PAGAN RITES IN QARA MOUNTAINS

In association with "The Times" we publish to-day the first of a series of articles by Mr Bertram Thomas, the explorer, describing his crossing of the Rub' al Khali, or Great Southern Desert, early this year.

In to-day's article Mr Thomas describes his early tentative expeditions into the interior of Arabia, conducted in fugitive summer leaves. Last winter he made his plans for his grand assault. While awaiting additions to his outfit he made a preliminary journey into the Qara Mountains.

The inhabitants of the region he describes as a lawless brood, not yet devoid of a pagan past. Blood feuds and primitive rites are part of their natural existence.

Mr Thomas is to receive the Founders' Medal of the Royal Geographical Society and the Burton Memorial Medal of the Royal Asiatic Society.

"The Glasgow Herald" holds the exclusive rights of publication in Scotland.

A MIDNIGHT ADVENTURE

(WORLD COPYRIGHT RESERVED)

By BERTRAM THOMAS

Hadhramaut, the hereditary enemies of the Rashid, were on the warpath. The steppe that lay between Dhufar and the sands was menaced with their raiders. The Rashid had probably been driven by this fear into the heart of the sands, and none knew where they were. Two of their number were fortunately at hand and had spent the frankincense season in Dhufar. These I now took into my confidence, and by the gift of a camel to each got them dispatched on a secret mission. They were doubtful of finding their fellow-tribesmen; they were still more doubtful, however glittering the rewards, of inducing a party to run the gauntlet. A week elapsed, then another, and still another, and I despaired lest my own messengers had been intercepted and destroyed by the enemy.

The delay was a blessing in disguise. The Sultan's local Governor must not know as yet of my ultimate objective. In order partly to veil this, and partly to continue my local anthropological studies, dating from three years before, I decided to make a preliminary journey into the Qara Mountains. I had already found much justification for Sir Richard Burton's hypothesis that here would be found non-Arab survivals. And now there was an opportunity to go forward with the task while waiting for my hoped-for desert caravan, which might or might not arrive. Except for a small excursion by Theodore Bent in the 'nineties the Qara Mountains had

Der *Glasgow Herald*, 1931

Bertram Thomas im Leeren Viertel, 1931

ERSTE ERKUNDUNGEN IM LEEREN VIERTEL

Auf meiner Reise wollte ich die verlorenen Spuren der wenigen Forscher finden, die in den 1930er und 1940er Jahren die Wüste erstmals durchquert hatten. Deren Mittel waren zu ihrer Zeit absolut adäquat, aber es wäre wohl physisch unmöglich, ihre Leistungen heute zu wiederholen. Und obwohl wir Kamele und Sextanten gegen Gleitschirme und GPS getauscht hatten, sollten wir eine Ahnung von ihren heldenhaften Kämpfen bekommen.

Der erste westliche Forscher, von dem wir wissen, versuchte in den 1930ern, das Leere Viertel zu durchqueren. Damals waren die Pole, die Quelle des Amazonas und die meisten anderen entlegenen Gebiete der Welt bereits erforscht und auf Karten erfasst. Das Leere Viertel war die letzte große *terra incognita*. Zwei britische Diplomaten, Bertram Thomas und Harry St. John Philby, wetteiferten um die Ehre der ersten Durchquerung. Harry Philbys Sohn, Kim Philby, kam später als berühmter sowjetischer Doppelagent zu fragwürdiger Popularität.

Philby hatte als islamischer Konvertit und als Berater des saudischen Königs Ibn Saud zwar einen enormen Vorteil, aber er wurde durch Kämpfe zwischen Saudis und jemenitischen Grenztruppen behindert, und im Jahr 1931 ließ ihn der König nicht in das Leere Viertel reisen. Thomas, der dem Sultan von Oman als Finanzminister und Wesir diente und ursprünglich Philbys Stellvertreter war, wählte ein »Hintertürchen«. Seine Methoden passten in das Arabien der 1930er Jahre, einer Zeit vor der Entdeckung der riesigen Ölvorkommen, als die Grenzen unmarkiert waren und die Machthaber um Landbesitz kämpften. Thomas schrieb in seinem Buch *Arabia Felix*:

»Dann wusste ich auch, wie die Autoritäten hier dachten, und vermied den Fehler, eine Genehmigung für mein Vorhaben zu erbitten. War da nicht das Beispiel von Burton? Die offizielle britische Haltung – die ich generell durchaus wertschätze – hilft einem angesichts der normalerweise in Arabien vorherrschenden Anarchie bei Forschungsvorhaben nicht weiter. Ein guter Beamter muss hierzulande Verantwortung und jede Verpflichtung vermeiden, und wenn die Expedition nicht verboten wird, so wird sie stillschweigend geduldet. Deswegen verbarg ich meine Pläne, und nur mein Verschwinden kündeten von meinen Reisen, die von mir selbst bezahlt und unter meiner eigenen Federführung durchgeführt wurden.« (Aus Bertram Thomas' Einführung zu *Arabia Felix*)

Thomas reiste rasch und ohne viel Aufsehen zusammen mit dreizehn Beduinen auf Kamelen. Er hatte mehrere Führer und einen persönlichen Diener, fünf Kamele für das Gepäck, eine Filmkamera, ein elektrisches Blitzlicht, einen Sextanten und zwei Aneroidbarometer. Zum Glück war es ein relativ feuchtes Jahr, sodass seine Kamele hier und da etwas Gras fanden, und seine Führer führten ihn zu zahlreichen von Hand gegrabenen Brunnen. Zwei der Kamele waren nur dazu da, um Thomas mit Milch zu versorgen. Um nicht krank zu werden, lebte er hauptsächlich von dieser Milch, wodurch er 10 Kilo an Körpergewicht verlor. Er mied feindliche Stämme und Beduinen, die König Ibn Saud ergeben waren, da Thomas natürlich keine Erlaubnis dazu hatte, Hunderte von Meilen auf saudischem Gebiet zwischen dem Südoman und Katar zu reisen. Thomas fürchtete auch die Ichwan, eine radikale religiöse Miliz, die nicht nur Ungläubige tötete, sondern auch Moslems, die ihre strengen wahhabitischen Ansichten nicht teilten.

Thomas legte seine Durchquerung in die Zeit des Ramadan, in der die meisten der einheimischen Beduinen in ihren Dörfern am Rand der Wüste fasteten, sodass er in 26 Tagen über 600 Kilometer ohne Zwischenfall zurücklegen konnte. Während seiner Reisen durch Arabien sammelte er Insekten- und Tierproben und vermaß die Köpfe der Stammesmitglieder, die er traf, um die damals verbreitete Rassenlehre durch das Vermessen der Schädelknochen zu bereichern. Als die Nachricht von seinem Erfolg London erreichte, war er in allen Zeitungen, hielt Vorträge und schloss einen lukrativen Buchvertrag ab.

Thomas auf seinem Lieblingskamel Kuwara im Oman, 1931

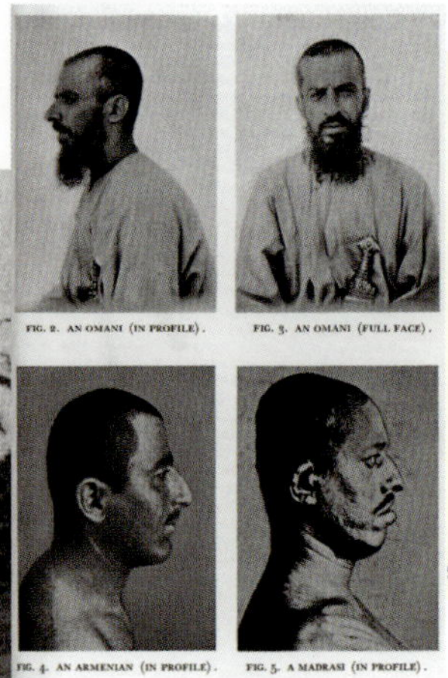

Schädelstudien von Thomas, 1931

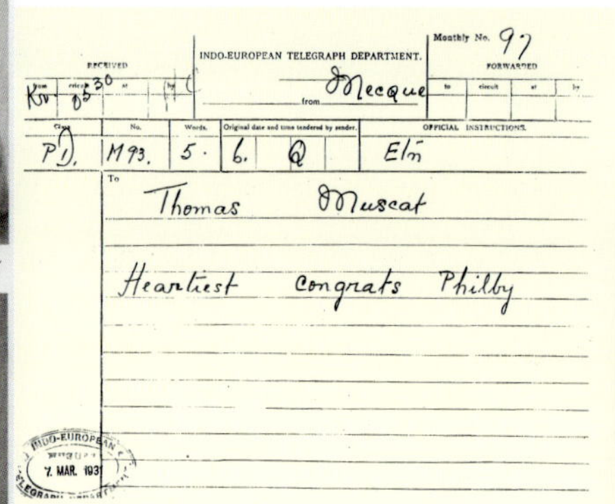

INDO-EUROPEAN TELEGRAPH DEPARTMENT.
Monthly No. 97
Mecque
Thomas Muscat
Heartiest congrats Philby

Telegramm von Harry St. John Philby an Thomas, 1931

Philby mit Eskorte, Dschidda, Saudi-Arabien, 1917

Als Philby davon hörte, fühlte er sich verraten. Er sandte Thomas ein Glückwunschtelegramm und verkroch sich dann wochenlang in seinem Haus, wo er seiner Frau schrieb:

»Verdammter Thomas … Ich habe geschworen, nicht nach Hause zurückzukehren, bevor ich nicht die R.K. zweimal durchquert und für zukünftige Reisende nichts darin zurückgelassen hätte!« (*Philby of Arabia*)

Im folgenden Winter machte sich Philby auf, um genau das zu erreichen. Nachdem an der jemenitischen Grenze Ruhe eingekehrt war, stellte ihm Ibn Saud 15 Männer, 32 Kamele und Vorräte für 75 Tage zur Verfügung. Einer ihrer ersten Zwischenstopps waren die Ruinen der angeblich verlorenen Stadt Ubar, die – so berichtet der Koran – durch eine Katastrophe zerstört wurde, nachdem ihr König einen Propheten Gottes verspottet hatte. Was Philby jedoch stattdessen fand, waren zwei große, halb im Sand versunkene Krater eines Meteoriteneinschlags.

In seinen Berichten veränderte er den Namen des Ortes in »Wabar«, und dieser hat sich seitdem eingebürgert. Rund um die Krater fanden sich als Spuren des Einschlags niedrige Erhebungen, die die Beduinen für die Überreste einer antiken Burg gehalten hatten. Diese waren von verstreuten »schwarzen Perlen« umgeben, bei denen es sich in Wirklichkeit um durch die Hitze des Aufpralls geschmolzenes Gestein handelte.

Ich wollte diesen Ort ebenfalls besuchen, auch wenn das mit über zwei Tonnen Gewicht größte Fragment des Meteoriten bereits in den 1960er Jahren nach Riad gebracht worden war. Noch nie war jemand über diese entlegene Stätte geflogen, und ich hoffte, dass der Blick aus einer geringen Flughöhe etwas Neues enthüllen könnte.

Enttäuscht machte sich Philby von Wabar aus zum Brunnen in Shanna auf, von wo aus Thomas in das Herz der Wüste gestartet war. Weiter südlich war es wegen der feindseligen jemenitischen Stämme gefährlich. Deswegen zog sich die Expedition wieder ein Stück zurück, und Philby teilte die Gruppe. Er brach mit den stärksten Männern und Kamelen westwärts nach Sulaijil auf. In neun Tagen legten sie über 600 Kilometer zurück – die letzten vier Tage ohne Nahrung. Es war der längste bekannte Marsch durch die wasserlose Wüste, und Philby ging danach zu Recht in die Geschichte des Leeren Viertels ein.

WILFRED THESIGER

Wilfred Thesiger war nicht der erste Ausländer, der die Wüste durchquerte, aber sein Reisebericht stellte die von Thomas oder Philby bei Weitem in den Schatten, weswegen *Die Brunnen der Wüste* bald ein Klassiker der Abenteuerliteratur wurde. Es ist, wie ein Kritiker schreibt, »das Buch, das alle anderen Bücher über Arabien aussticht«. Das Fesselnde an seiner Reise ist nicht so sehr, was er tat, sondern wie er es tat – eingebunden in eine kleine Gruppe von Beduinen. Nachdem er sich erst 15 Jahre nach Thomas und Philby auf den Weg machte, war er nicht auf Pionierleistungen aus. Tatsächlich schrieb Thesiger *Die Brunnen der Wüste* erst zehn Jahre nach seinen zwei Durchquerungen:

»Nein, es kommt nicht auf das Ziel an, sondern auf den Weg zum Ziel, und je schwerer dieser ist, desto lohnender ist auch die Reise. (…) Mein Gefühl sagt mir, dass es besser war, ohne Sauerstoff am Everest zu scheitern, als mit Sauerstoff den Gipfel zu erreichen. Wenn Bergsteiger schon Sauerstoff benutzen, weshalb lassen sie dann ihre Vorräte nicht von Flugzeugen abwerfen? Oder weshalb landen sie dann nicht gleich mit Hubschraubern? (…) Ich selbst wäre nie auf die Idee verfallen, das Leere Viertel in einem Auto zu durchqueren. Glücklicherweise war das zu der Zeit, als ich meine Reisen unternahm, unmöglich. Denn diese Reise auf dem Kamel zu machen, wenn man sie ebensogut in einem Wagen machen kann, würde das Wagnis zur Farce machen.«

Thesiger durchquerte die Wüste erstmals im Winter 1946/47. Er wählte die schwierigste Route, direkt durch die größten Dünenketten, die durch den Fließsand des östlichen Leeren Viertels voneinander getrennt werden. Er reiste zu Fuß mit vier verwegen aussehenden Wüstenbeduinen und einigen Kamelen. Er bewunderte

Philbys Zelt, Wadi Sahba, Saudi-Arabien, 1932

Shibam im Jemen, aufgenommen von Thesiger, 1947

Thesigers Begleiter bin Kabina und bin Ghabaisha, Oman, 1950

Thesigers Gruppe in Saudi-Arabien, 1948

seine Begleiter zutiefst und verkehrte mit ihnen auf Augenhöhe, bzw. anerkannte ihre Überlegenheit. Er übernahm ihre Kleidung, teilte ihr Essen und ließ »den Sand in seine Seele sickern«. Es war eine gefährliche und abenteuerliche Reise, bei der das Überleben der Menschen von den Kamelen abhing:

»Zwanzig Tage ohne Wasser war das Äußerste, was die Kamele aushalten konnten, wenn sie lange Stunden durch tiefen Sand gehen mussten, und das nur, wenn sie Weideplätze fanden. Aber würden wir Weideplätze finden? Das ist die ewige Frage für den Bedu. Fanden wir sie nicht, würden die Kamele zusammenbrechen, und das war das Ende. Der Bedu fürchtet weder den Hunger noch den Durst und kann angeblich bei Kälte sieben Tage lang ohne Essen und ohne Wasser reiten. Sein Schreckgespenst ist das Versagen der Kamele. Brechen sie zusammen, ist ihm der Tod gewiss. Ich erkundigte mich bei al-Auf, ob wir wohl Weideplätze finden würden. Gott allein weiss es, antwortete er.« (*Die Brunnen der Wüste*)

Zwei Wochen später tauchten sie in der Oase Liwa in den heutigen Vereinigten Arabischen Emiraten auf, ausgedörrt, hungrig und erschöpft. Sie fürchteten, als Banditen verhaftet zu werden, als sie aus der großen Leere auftauchten. Als Christ in Arabien war Thesiger genauso gefährdet wie Thomas: Auch er fürchtete die Ichwan und musste wie auf der Flucht entlang der Nord- und Ostgrenzen der Wüste zurück in den Oman reisen.

Im folgenden Jahr durchquerte Thesiger das Leere Viertel ein zweites Mal, allerdings durch die rollenden Sanddünen im Südwesten der Wüste von Hadramaut nach Wadi ad Dawasir. Hier verfolgten ihn 35 jemenitische Stammesmitglieder, um den Ungläubigen und seine vier beduinischen Begleiter zu töten, erwischten sie aber nicht. Als Thesigers Gruppe in Sulaijil ankam, wurden sie prompt inhaftiert, bis König Ibn Saud ihre Freilassung anordnete:

»(...) ich (war) jedoch der Eindringling aus einer fremden Kultur, die sie mit dem Christentum identifizierten. Sie wussten, dass die Christen den größten Teil der mohammedanischen Welt unterjocht hatten und da die Berührung mit der christlichen Kultur allerorten den Glauben, die Einrichtungen und die Kultur, die sie hochhielten, zerstört oder zutiefst verändert hatte. Natürlich begriffen sie nicht, wie wenig ich mit den Neuerungen und Erfindungen, mit denen sie mich in Zusammenhang brachten, sympathisierte, noch, wie groß meine Sympathie für die Lebensform war, die sie zu bewahren suchten. (*Die Brunnen der Wüste*)

Thesiger und seine Gefährten zogen nordwärts durch eine leere Weite trostloser Dünen, und einmal mehr kamen sie hungrig und erschöpft in Liwa an. Aber dieses Mal wurden sie von Scheich Zayid bin Sultan Al Nahyan als Ehrengäste empfangen, dem Gründer und ersten Präsidenten des modernen Staates der Vereinigten Arabischen Emirate, der von Thesigers Mut beeindruckt war.

Thesiger unternahm auch andere Expeditionen, aber die berühmtesten waren seine zwei Durchquerungen des Leeren Viertels. Anders als T. E. Lawrence, der von Einheimischen heute als kostümierter Opportunist gesehen wird, gilt Thesiger als legendärer Fremder, der auch heute noch für seine Leistungen respektiert wird. Für ihn waren die Reise und die Kameradschaft der Beduinen Lohn genug. Er wusste, dass er das Ende einer Ära miterlebte, und wollte diese verschwindende Welt dokumentieren, da der Reichtum durch das Öl und der Einzug der Moderne bereits begannen, Arabien für immer zu verändern.

Sicher hatten vor ihm zahllose Araber das Leere Viertel durchquert oder waren dabei umgekommen, aber nur Fremde wie Thomas, Philby und Thesiger hinterließen einen schriftlichen Bericht. Ich fand seit Thesiger nur eine Handvoll von Berichten über die Durchquerung des Leeren Viertels. Einer stammte von einer Gruppe, die im Mai 1994 die Belastbarkeit des Hummer, der zivilen Version des Humvee-Geländewagens der US-amerikanischen Armee, bewerben wollten. Unter den Teilnehmern war der Geologe Jeffrey Wynn vom *U.S. Geological Survey*, der Temperaturen von 61 °C im Schatten und nachts Tiefstwerte von weniger als 37,8 °C aushalten musste. Beim Kartieren von Wabar entdeckte Wynn einen dritten Krater und datierte den Meteoriteneinschlag auf das Jahr 1863.

Thesigers Gefährten, Oman, 1946

Thesigers Karawane, Saudi-Arabien, 1948

Scheich Zayid bin Sultan al Nahyan, VAE, 1949

Thesigers Gruppe erreicht Abu Dhabi, 1949

1999 durchquerten drei kanadische Abenteurer zusammen mit vier omanischen Beduinen die östliche Wüste, wobei sie mit Kamelen und Autos Teilen von Thesigers Route bei der ersten Durchquerung 1946 folgten. Am häufigsten reisen aber diejenigen durch die Wüsten, die daran ein wirtschaftliches Interesse haben, und sie kennen sie auch am besten: Teams von Geologen, die für Aramco Ölvorräte unter dem Sand finden sollen. Aber ihre Ergebnisse werden von den Unternehmen meist streng geheim gehalten. Wie bei den Beduinen gibt es hier keine veröffentlichten Aufzeichnungen.

Die Zeit der Expeditionen per Kamel endete vor vielen Jahrzehnten. Sogar Thesiger realisierte in den späten 1940ern, dass er einer der letzten Außenstehenden war, der eine verschwindende Welt sah. Ich glaube nicht, dass heutige Kamele ohne monatelanges Training noch zäh genug sind, um über 550 Kilometer ohne Futter oder Wasser im weichen Sand zurückzulegen. Es wäre auch schwierig, im 21. Jahrhundert noch einen Beduinen zu finden, den man fragen könnte. Außerdem haben sich die Brunnen, an denen sich die Nomaden versorgten, größtenteils mit Sand gefüllt oder werden nicht mehr gebraucht. Es war an der Zeit, die Wüste anders zu erkunden, und ich wusste, dass mein motorisierter Gleitschirm der Dokumentation und Erforschung neue Perspektiven eröffnen würde.

PRAKTISCHE FRAGEN

Die frühen Forscher interessierten sich für Ruhm, für Proben aus Flora und Fauna, für die Kartierung ausgetrockneter Flussläufe, die Analyse von Meteoriteneinschlägen, die Tiefe und Qualität von Brunnenwasser oder sogar für die Form und Größe der Köpfe von Eingeborenen, alles Dinge, die mich eher kalt ließen. Aber ich teilte ihre Liebe zur Wüste und das Verlangen, meine Grenzen in ihr zu testen. Ich denke, letztlich war es auch das, was sie wirklich da hinauszog. Der Rest waren nur vorgeschobene, rationale Gründe. Diese ersten Forscher waren zwar große Anführer, Linguisten und Amateurnaturforscher, hatten aber keinen Blick fürs Motiv. Sogar Thesiger, der unter den schwierigen Bedingungen außerordentlich gute Fotos machte, lichtete nur seine Freunde und persönlichen Erlebnisse ab.

Ich war fasziniert von der Idee, die Wüste speziell aus der Luft zu erkunden und zu fotografieren. Mir ging es nicht um den Kick, ein verrücktes Fluggerät hoch über dem Sand zu steuern. Öfter als mir lieb ist unterdrückte ich um eines guten Fotos willen – oder auch nur für die Chance einer Aufnahme – eine elende Angst. Ich wollte einfach die erstaunliche Schönheit eines der wundervollsten Orte der Erde, den bislang nur wenige gesehen hatten, festhalten. Ich hoffte, durch die Aufnahmen von oben und durch die niedrige Flughöhe die extremen Eigenschaften dieses Platzes wie eine dreidimensionale Karte ausbreiten zu können. In dieser rauen Umgebung konnte man mit allradangetriebenen Autos und dem motorisierten Gleitschirm der ameisengleichen Perspektive entfliehen, die man hat, während man durch die Dünen fährt. Mit meinem kleinen Fluggerät könnte ich auch eine Autoroute durch das Labyrinth aus Dünen und Fließsand ausfindig machen.

Mein motorisierter Gleitschirm ist ein fußbetriebenes Fluggerät, das auf einer Fläche starten und landen kann, die wenig größer ist als ein Basketballfeld. Er passt leicht in den Kofferraum eines Geländewagens, wiegt nur 35 Kilogramm und kann zehn Liter Treibstoff tanken, mit denen man über zwei Stunden mit einer Geschwindigkeit von knapp 50 Stundenkilometer fliegen kann. Mit zwei motorisierten Gleitschirmen und einigen Autos könnte man, wie ich mir ausrechnete, einen der extremsten Orte der Welt aus einer Perspektive sehen, die für frühere Forscher undenkbar war.

Aber eine solch abgelegene und riesige Gegend ohne Rettungsmöglichkeit zu durchqueren, ist gefährlich. Wenn wir dort festsäßen, wäre die Luftdichte durch die hohen Temperaturen so weit reduziert, dass dort nicht einmal Helikopter mit genug Treibstoff für den Rückflug landen könnten. Der interessanteste, aber auch gefährlichste Teil des Leeren Viertels ist der Osten mit Dünen, deren Rutschseiten mehrere Hundert Meter weit abfallen und in *sabcha* genannte Salzsümpfe übergehen, die manchmal wenig

Die Gruppe von George Steinmetz durchquert 2002 Uruq al Mutaridah in Saudi-Arabien.

George Steinmetz fliegt neben Ali Al-Mari, Saudi-Arabien, 2004

Donovan Webster sieht einem Auto beim Überqueren einer Düne zu. Saudi-Arabien, 2004

mehr sind als eine dünne Salzkruste über einem Morast aus salzigem Schlamm. Dieses Düne-*sabcha*-Düne-Muster wiederholt sich alle paar Kilometer und formt über Hunderte Kilometer hinweg eine der schönsten und surrealsten Todesfallen der Erde. Ein Fehler auf der Rutschseite einer Düne, und die Autos geraten außer Kontrolle. Einmal auf dem Grund dieser Sandfallen angekommen, kann es unmöglich werden, wieder herauszukommen. Und die *sabchas* zwischen den Dünen warten mit ganz anderen Problemen auf. Diese verkrusteten Flächen bestehen nur aus einer dünnen Schicht Sand, die den Grund eines salzigen Schlammsees bedecken. Die Kruste kann viele Kilometer lang flach und fest sein, sodass man sie mit bis zu 100 Stundenkilometern befahren kann. Und dann bricht die Oberfläche plötzlich weg und enthüllt eine tiefe Schicht schmierigen Morastes. Wenn man hört, dass die Reifen in Schlamm geraten, muss man das Auto rasch und beherzt herumreißen, um aus dem Salzsumpf herauszukommen, der mit echtem Treibsand aufwartet und nicht nur mit einer Hollywood-Fantasie.

So wie die ersten Forscher von ihren Kamelen abhingen, so hingen wir von den Toyota Land Cruisers und Nissan Patrols ab. Ein simpler mechanischer Defekt oder eine versäumte Wartung könnten katastrophal enden, weswegen wir mehrere Autos in bestem Zustand brauchten, dazu viele Ersatzteile, Reifen und Werkzeuge. Ich ging von mindestens drei Autos aus, da wohl kaum alle drei auf einmal ausfallen würden. Zwei Autos wären für die Passagiere und ein Pick-up für die 200-Liter-Fässer mit Benzin, die 50-Liter-Flaschen mit Wasser, das Feuerholz, die Schaufeln, Sandleitern und anderen nützlichen Dinge. Auf ungewissem Terrain würde unser bester Führer voranfahren, sodass die anderen sein Auto herausziehen könnten, falls es feststecken sollte. Treibstoff war ein Problem, denn es gibt keine Städte oder Tankstellen im leeren Viertel, weswegen wir das nötige Benzin mitnehmen mussten. Aber um nicht im Sand oder in einem *sabcha* einzusinken, mussten wir so leicht wie möglich reisen und unsere Tour in Teilstücke von wenigen Tagen unterteilen. Mir erschien es als die beste Strategie, sich an die Umrisse des Leeren Viertels zu halten. Die interessantesten Dinge warteten vielleicht eher am Rand der Wüste, wo es Menschen oder einen Übergang in anderes Terrain gibt. Das Leere Viertel steht für reine Lebensfeindlichkeit, weswegen meine Tour nur bis zur ersten Stadt gehen sollte, auf die ich am Rand der Wüste traf.

In Sachen Flugsicherheit kontaktierte ich meinen Freund Alain Arnoux, einen Weltmeister mit dem motorisierten Gleitschirm, der mich schon bei vielen Wüstenexpeditionen begleitet hatte. *GEO* schickte seinen erfahrensten Expeditionsteilnehmer, Uwe George, um über unsere Reise zu berichten, so wie er schon Dutzende von Expeditionen durch die Sahara begleitet hatte. Wieder einmal wandte ich mich an Iyad Alzaru, der mich mit einem ungewöhnlichen Mann bekannt machte: Colonel Mohammed Banounah von der saudi-arabischen Nationalgarde, der eine Kommandotruppenausbildung in Fort Benning in Georgia absolviert hatte. Er würde Iyad bei der Organisation der Fahrzeuge und des Bodenpersonals helfen. Er sprach fließend Englisch und liebte die Wüste, weswegen er schon viele Gruppen in die weniger bekannten Wüstenregionen geführt hatte. Aber selbst er hatte sich noch nicht in das Leere Viertel gewagt. Es schien, als hätte niemand, den wir erreichen konnten, die nötige Erfahrung mit der tiefen Wüste, abgesehen von unserem zweiten Fahrer Ali Al-Mari, der aus Yabrin am Rand des Sandmeeres stammte. Aber mit einigen alten Karten und Rons Satellitenfotos hoffte ich dorthin zu gelangen, wo nur wenige jemals zuvor waren.

Eine Flugerlaubnis für einen abgelegenen Teil Arabiens zu bekommen, ist schwierig. Man sendet beflissene Briefe an eine sorgfältig ausgewählte Kontaktperson. Eine Antwort kann Wochen dauern. Generell fügt sich alles erst in letzter Minute oder das enge Zeitfenster mit den relativ kühlen und klaren Flugbedingungen des Winters ist bereits geschlossen, sodass Reisen abgesagt oder auf das nächste Jahr verschoben werden müssen. Ich interessierte mich nicht für Geopolitik oder Terrorismusfragen, sondern wollte nur die fremde Schönheit eines der rauesten und

Prinz Sultan trifft in Bani Maarid ein, Saudi-Arabien, 2002

Prinz Sultan fotografiert Oryxantilopen, Bani Maarid, Saudi-Arabien, 2002

Prinz Sultan reist von Bani Maarid ab, Saudi-Arabien, 2002

unbekanntesten Gebiete unseres Planeten dokumentieren. Vielleicht bekam ich deswegen 2001 die nötige Erlaubnis. Geografie ist für die meisten keine Bedrohung, und ein Vorhaben wie meines schmeichelt dem Nationalstolz. Ich war froh, schon beim ersten Versuch Glück gehabt zu haben.

RENDEZVOUS MIT EINEM PRINZEN IM WELTALL

Wir trafen uns alle am 19. Januar 2002 in Riad. Nachdem wir die Vorräte beschafft und die Autos überprüft hatten, brachen wir nach Süden in die Wüste auf. Im neugeschaffenen Naturschutzgebiet in Uruq Bani Maarid legten wir einen der ersten Zwischenstopps ein. Hier waren wir mit Prinz Sultan verabredet, der mit einem kleinen Charterflugzeug zu uns in die Wüste kam. Es war ziemlich surreal, an einer unmarkierten, staubigen Piste auf ein Mitglied der saudi-arabischen Königsfamilie zu warten, das unsere Reise ermöglicht hatte. Die Aufseher in Bani Maarid, die in windzerzausten Wohnwagen mit kleinen Sandhaufen im Inneren hausten, hatten sich tagelang auf seine Ankunft vorbereitet. Nach der Landung des Flugzeuges pressten die Aufseher mit seiner Königlichen Hoheit die Nasen aneinander, wie es bei den Beduinen Brauch ist. Danach schüttelten wir drei Ausländer seine Hand. Dann brachte uns eine Flotte von brandneuen Nissan-Geländewagen zu zwei großen Zelten, wo ein grandioses Festessen auf uns wartete. Zwei Schafe wurden im Ganzen gebraten und auf einem Berg aus Safranreis auf riesigen Platten serviert. Wir setzten uns auf traditionelle Teppiche, rissen das Fleisch mit der rechten Hand auseinander und verspeisten einen Berg an exquisit zubereitetem Fleisch. Bei kleinen Tässchen Kaffee erzählte uns der Prinz von den 169 Stunden (entspricht einer Strecke von 111-mal dem Erdumfang, also 4,6 Millionen Kilometern), die er an Bord der *Discovery* im All verbracht hatte, wo er das offizielle Ende des Ramadans mit dem Aufgang eines neuen Mondes beobachtete, doch seine Gebete in der Schwerelosigkeit nur schwer nach Mekka ausrichten konnte.

Aber Prinz Sultan war nur auf der Durchreise, und kurz nach dem Mittagessen führte uns der Wildtierexperte Eric Bedin ins Reservat, wo wir von einer Düne aus eine Herde der seltenen arabischen Oryxantilopen erblickten, der er mit Hilfe von Sendern folgte. Bevor Prinz Sultan abreiste, fragte ich ihn, ob er in einem unserer motorisierten Gleitschirme mitfliegen wolle, da Alain einer der wenigen Piloten auf der Welt ist, der mit seinem Paraglider einen Passagier mitnehmen kann. Aber Prinz Sultan lehnte höflich ab. Als ich ihm sagte, dass es wohl weniger gefährlich sei als ein Flug in einer Raumfähre, lächelte er freundlich und meinte, dass er leider nicht genug Zeit habe, wenn sie vor Einbruch der Dunkelheit nach Riad zurückkehren wollten. Alain und ich waren beide erleichtert, denn es war ein windiger Tag, und ein verpfuschter Start mit einem königlichen Passagier wäre, gelinde gesagt, unangenehm gewesen.

Von Bani Maarid aus reisten wir weiter nach Süden und kamen durch eines unserer ersten Ziele, die außergewöhnliche Folge von *Uruq*- oder »Ader«-Dünen, die vielleicht längsten Dünen der Welt. Gemäß Rons Satellitenbildern folgten wir einzelnen Dünenrücken fast 500 Kilometer lang. Zwischen diesen lagen Korridore aus hartem Sand und Sedimenten, die eigentlich der Grund von ausgetrockneten Seen aus feuchteren Zeiten vor 7000 bis 9000 Jahren sind. Entlang dieser Ufer aus längst vergangenen Zeiten haben Wissenschaftler (insbesondere Hal McClure, siehe *Aramco World* 5-6/1989) Süßwassermuscheln und sogar das Gebiss eines Nilpferdes gefunden. Wir übernachteten in einem Dünental, und bei Sonnenaufgang hob ich mit meinem Gleitschirm ab.

Unter mir sah ich eine wunderschöne Landschaft mit Sandwellen in einem erstarrten Meer aus Dünen. Nach einer Stunde in der Luft bemerkte ich zwei Autos, die durch den Sand rasten. Ich versuchte, mich in eine Position mit einem schrägen Blickwinkel auf ihre Staubwolke zu manövrieren. Aber wohin ich mich auch bewegte, sie kamen immer direkt auf mich zu. Als sie sich näherten, erkannte ich saudi-arabische Militärgeländewagen mit schweren Maschinengewehren auf den Ladeflächen. Ich rief Alain und Banounah über Funk, die mir in losem Abstand auf der Stra-

Eine saudische Militärpatrouille wartet 2002 auf die Landung von George Steinmetz nahe der jemenitischen Grenze.

George Steinmetz 2002 beim Frühstück an einem saudischen Grenzposten nahe dem Jemen.

Scheich Salem von Jabrin empfängt seine Gäste. Saudi-Arabien, 2002

ße folgten. Ich wusste nicht, was ich tun sollte … wenn ich versuchte, den Soldaten zu entkommen, würde ich meine Lage vielleicht nur verschlimmern, aber wenn sie noch näher kämen, könnten sie mich leicht abschießen. Ich war eine einzige große pinkfarbene Zielscheibe. Also hielt ich meine Flughöhe und kurvte nervös herum, bis Mohammed sie einholen und ihnen die Reisepapiere zeigen konnte, die Prinz Sultan für uns vorbereitet hatte. Dann landete ich neben ihren Autos im Sand und entschuldigte mich für die Aufregung, die ich verursacht hatte. Ich hatte nicht bemerkt, dass wir uns so nah an der jemenitischen Grenze befanden und dass es in dieser Gegend Militär gab.

Nach ausgiebigen Entschuldigungen wurden wir in ihren Stützpunkt, von dem aus sie diesen Grenzabschnitt überwachten, eingeladen. Man servierte uns kleine Tassen Kaffee sowie Omelette mit Fladenbrot. In der Zwischenzeit telefonierte der Offizier in seinem großen, mit Teppichen ausgelegten Zelt mit seinen Vorgesetzten. Eine Stunde später verabschiedeten wir uns als Freunde, die ein unvergessliches Abenteuer gemeinsam haben.

DIE GEFAHREN DER GASTFREUNDSCHAFT

Eine befestigte Straße zu verlassen, um in das größte Sandmeer der Welt zu fahren mit nichts als einem GPS-Punkt in circa 550 Kilometer Entfernung, ist beängstigend. Aber das war der einzige Weg, um Dinge zu entdecken, die nur wenige vor uns schon gesehen hatten. Wenn du Erfolg hast, bist du ein Held, wenn du versagst, ein Idiot, und manchmal scheint nicht viel mehr als Glück das eine vom anderen zu trennen. *Inschallah*, wie die Araber sagen … so Gott will.

Zwei volle Tage fuhren wir durch sanft rollende weiße Dünen, um Jabrin zu erreichen, das Heimatdorf unseres Fahrers Ali Al-Mari. Er war sehr stolz, dass wir dort einkehrten. Jabrin ist eine der ältesten Siedlungen tief in der Wüste und im Umkreis von Wabar die nächstgelegene verlässliche Tankmöglichkeit. Die Gemeinschaft dort ist sehr klein und eng verbunden, und mit Ali als unserem Gastgeber schien alles möglich. Man führte uns von Zelt zu Zelt, und scheinbar hieß jeder in Jabrin Al-Mari. Am nächsten Nachmittag nahm uns Alis Cousin mit auf eine Falkenjagd. Mohammed Hamad Al-Mari ließ den 4000 US-Dollar teuren Vogel von seiner behandschuhten Hand, die er aus dem offenen Fenster seines Toyota Land Cruisers hielt, losfliegen. Dann raste er hinter dem Raubvogel her, der im Flug eine Taube in Stücke riss. Als wir abends in einem mit Teppichen ausgelegten Zelt ums Feuer saßen, nahm mich Alis erweiterte Familie über die Ereignisse des 11. September und über Amerikas Unterstützung von Israel in die Zange. Im Zuge dieser Diskussion kamen wir ziemlich in Schwierigkeiten.

Der Scheich von Jabrin, Salem Faisal Al-Jaber Al-Muradhaf, hatte von den Fremden im Ort erfahren, und man sagte uns, dass es eine große Beleidigung wäre, seine Einladung abzulehnen. Wir wurden spätabends in sein Haus – das größte in Jabrin – gerufen. Er lud uns in seinen Empfangsraum ein – ein großes fensterloses Zimmer, dessen vier Wände niedrige Schaumstoffkissen säumten. In der Mitte des Teppichs stand ein Telefon. Wir lehnten ab und entschuldigten uns damit, dass wir gerade erst zu Abend gegessen hätten und bei Sonnenaufgang zu einer zwölfstündigen Fahrt durch die Wüste aufbrechen müssten, um den Meteoritenkrater in Wabar zu erreichen – die Stätte in Ubar, die Philby besucht hatte. Daraufhin war der Scheich sehr ungehalten. Seine Gastfreundschaft war für ihn eine besondere Frage der Ehre. Seine Einladung abzulehnen, hätte Ali in erhebliche Schwierigkeiten gebracht. Wir wussten nicht, was wir tun sollten, bis Scheich Salem uns abrupt aufforderte, vor Sonnenaufgang zum Frühstück zu erscheinen.

Wir kamen uns komisch vor, als wir am nächsten Morgen in tiefschwarzer Nacht kurz vor der Dämmerung seinen Sohn aufweckten, um uns einzulassen. Kurz nach Sonnenaufgang wurden wir in sein Heim geführt. In der Mitte des mit Teppichen ausgelegten Bodens stand eine riesige Platte mit Reis und einem ganzen gebratenen Schaf darauf. Wir fühlten uns furchtbar, wenn wir

Verlassene nukleare Wetterstation in Ubaylah, Saudi-Arabien, 2002

Radioaktive Gerätschaften, Ubaylah, Saudi-Arabien, 2002

Der Meteoritenkrater »Philby A« in Wabar, Saudi-Arabien, 2002

Meteoritenreste und geschmolzener Sand in Wabar, Saudi-Arabien, 2002

daran dachten, wie seine Frau und seine Familie die ganze Nacht hatten arbeiten müssen, um das Tier zu schlachten und dieses Mahl vorzubereiten.

Als wir schließlich um acht Uhr morgens aufbrachen, kamen wir uns mit unseren mit Fleisch und fettigem Reis vollgefressenen Bäuchen wie Mastschweine vor. Aber es gab noch keine Luftaufnahme von diesem Meteoritenkrater, und ich hatte dem Geologen Jeff Wynn, der das Gebiet von Wabar kartiert hatte, ein solches versprochen. Gerne wäre ich noch länger bei Scheich Salem geblieben, aber ich wollte diese einmalige Gelegenheit nicht verstreichen lassen.

WABAR

Wie Diebe fuhren wir querfeldein durch die Dünen und versuchten, den abgelegenen Ort vor Einbruch der Dunkelheit zu erreichen. Aber ich fuhr zu schnell, weswegen wir mehrmals im feinen Sand steckenblieben. Bei Sonnenuntergang hielten wir an einem verlassenen Öllager in Ubaylah. Jeff Wynn hatte mir die Koordinaten dieses Ortes verraten, wo er auf eine verlassene, nuklear angetriebene Wetterstation gestoßen war. Jeff hatte mich vor den unsichtbaren Gefahren dort gewarnt: Sein Geigerzähler hatte voll ausgeschlagen, als er seinen Vorstoß abbrach. Ich fotografierte nur wenige Minuten lang in dem kleinen sandbedeckten Gebäude, bevor ich mich hastig zurückzog. In der einbrechenden Dunkelheit folgten wir unserem GPS-Gerät nach Norden durch ein riesiges Feld von Sicheldünen, um zum Meteoritenkrater zu gelangen. In dieser Nacht überschlugen wir uns ein paar Mal fast mit unseren Autos, als wir im Dunkeln die Rutschseiten der Dünen hinuntersackten. Schließlich kamen wir aber gegen zehn Uhr wohlbehalten an. Wir schlugen unser Lager ein paar Hundert Meter entfernt auf, um nichts zu zerstören, und bei Sonnenaufgang hob ich ab, um die Gegend zu erkunden.

Ich wusste nicht, was auf mich zukam. Wynn hatte mich vorgewarnt, nicht zu viel zu erwarten, da die Krater sich in den siebzig Jahren seit Philbys Besuch fast vollständig mit Sand gefüllt hätten. Aber schon oft hatte ich aus der Luft Dinge entdeckt, die selbst erfahrene Führer und Wissenschaftler übersehen hatten. Wenn man niedrig und langsam über die langen Schatten am frühen Morgen fliegt, stechen Muster, die am Boden gar nicht oder nur schwer zu erkennen sind, auf einmal heraus wie Farbpunkte in einem Sehtest. Doch wie Philbys wurde auch mein Optimismus enttäuscht, denn unter mir sah ich nur zwei flache Vertiefungen, die fast bis zum Rand mit hellem Sand gefüllt waren. Das große »Atlantis der Wüste« war nicht einmal ein Loch im Boden. Anschließend erkundeten wir das Gebiet noch einmal zu Fuß, aber es gab nichts zu finden.

ORANGEFARBENE SCHLANGEN

Nach unserem Morgen in Wabar fuhren wir wieder querfeldein durch unberührtes Terrain, dieses Mal auf der Suche nach der großen saudi-arabischen Ölförderanlage in Shaybah. Iyad hatte mir für Notfälle ein Satellitentelefon geliehen, aber bei einem Test stellte ich fest, dass das ganze Guthaben verbraucht war. Also hatten wir niemanden, den wir zu Hilfe rufen konnten. Wir mussten vorsichtig sein, und ich fühlte mich ein wenig wie Thesiger: In der heutigen Wüste hing unser Leben von japanischen »Kamelen« aus Stahl ab, die uns mit unserem Wasser und unserer Nahrung durch das Sandmeer brachten. Es gab weder einen Weg noch Hinweisschilder, nur Symbole auf einer alten Karte, die aber wahrscheinlich wenig mit den geografischen Gegebenheiten zu tun hatten. Spät am Nachmittag entdeckten wir Reifenspuren und folgten diesen auf eine viel benutzte Sandstrecke nach Norden. Wir folgten ihnen, bis wir eine kleine Gruppe Autos mit Familien sahen, die in unsere Richtung fuhren. Wir hielten an, um herauszufinden, woher sie kamen, und erfuhren durch Banounah, dass diese Piste vom Persischen Golf zu einem Militärposten an der jemenitischen Grenze führte. Erleichtert, dass hier ein sicherer Weg aus der Wüste herausführte, machte ich aus Freude über die gute und schnelle Strecke eine Geste mit meiner Faust. Banounah und die Familien prallten schockiert zurück. Sie verstanden meine

Anlage zur Trennung von Gas und Erdöl in Shaybah, Saudi-Arabien, 2004

Swimmingpool im Wohnkomplex von Shaybah, Saudi-Arabien, 2002

Gastfreundschaft im Grenzposten von Ardah, Saudi-Arabien, 2002

Geste als ein Zeichen für Geschlechtsverkehr, und ich sah, wie mich eine junge Frau entsetzt durch ihren Schleier und das Autofenster hinweg anstarrte. Hier draußen trifft man nicht viele Menschen aus dem Westen, und meine grobe, aber unbeabsichtigte Ungezogenheit löste sich bald in herzhaftem Gelächter auf. Diese spezielle Geste wurde für den Rest der Reise unser Camp-Witz. Nachdem wir uns verabschiedet hatten, fuhren wir weiter durch die Nacht, verloren den Weg und gerieten in einen Sandsturm. Gegen Mitternacht hielten wir am Fuß einer 30 Meter hohen Sicheldüne. Nach Sonnenaufgang kletterten wir auf den Scheitel einer großen Düne und erblickten die erste befestigte Straße seit einer Woche. Ein paar Stunden später rollten unsere drei staubigen Geländewagen mit leeren Tanks nach Shaybah.

Es war seltsam, sich in einer modernen, klimatisierten Ölförderanlage mit einer Wäscherei, einer Cafeteria, amerikanischen Hotelzimmern und einem beschatteten, riesigen Swimmingpool wiederzufinden. Mit viel Mühe konnte unser Autor Uwe George einen Platz in einem kleinen Aufklärungsflugzeug bekommen, das in niedriger Höhe ein Koordinatennetz über den riesigen Dünen im östlichsten Teil des Leeren Viertels abflog. Uwe, der mehr von der Sahara gesehen hat als irgendein anderer, war fassungslos. »Es ist einfach fantastisch, fantastisch! Die erstaunlichsten Dünen, die ich je gesehen habe! An einer Stelle sahen sie aus wie eine Reihe von Schlangen! Orangefarbene Schlangen!« Er hatte auch eine artesische Quelle entdeckt, die erst meterhoch in die Luft schoss, bevor sie zu einem Fluss im Sand wurde. Im nördlichen Teil rund um Shaybah bündelten sich die Sicheldünen wie eine Rasterblende, weiter südlich dagegen öffneten sich die *sabchas* zu Korridoren (auf Arabisch *shug*), die sich ausweiten und in ein Netz riesiger, orangefarbener Sterndünen übergingen. Nun hatte Uwe das Material für das Magazin so gut wie beisammen, weswegen er am nächsten Tag mit dem Aramco-Jet nach Dhahran flog, um sich dort mit den Geologen von Aramco zu treffen.

Ich war traurig, ihn gehen zu sehen, aber Uwe hatte uns ja noch diesen unglaublichen Tipp gegeben. Leider lagen die Quelle und die Schlangendünen über 240 Kilometer südlich von uns, und der Weg führte durch die größten und gefährlichsten Dünen des Leeren Viertels. Am nächsten Morgen landete ich neben einem saudi-arabischen Grenzposten am Rand des Ölfeldes, der uns zum Tee einlud. Banounah erklärte von Colonel zu Colonel unsere Mission und fragte nach dem Zustand der Straße nach Süden. Wie durch ein Wunder bot man uns eine Militäreskorte durch die gefährlichen Dünen bis zur omanischen Grenze an. Im Morgengrauen reisten wir auf einen scheinbar anderen Planeten. Die Ölfirma hatte Sandrampen in die Dünen gewalzt, bis sich die *sabchas* zu langen Korridoren (*shugs*) ausweiteten, flankiert von riesigen Hügelketten aus orangefarbenem Sand. Die Dünen stiegen zu beiden Seiten steil auf über 250 Meter an, aber das *shug* war flach und trocken, sodass wir es fast so schnell wie auf einer Autobahn befahren konnten. Als wir zu einer der Grenzmarkierungen zwischen Saudi-Arabien und dem Oman kamen, wandten wir uns nach Süden. Ein paar Stunden später erreichten wir den saudischen Grenzposten Ardah: Eine kleine Ansammlung verwitternder, von den Ölforschern ausgemusterter Wohnmobile. Es war ein trostloser Ort, weswegen Besucher hier alle in helle Aufregung versetzten. Die Grenzposten bestanden darauf, dass wir zum Mittagessen blieben, und eine Ablehnung hätte unsere Gastgeber zutiefst verletzt. Aber mittlerweile hatten wir uns an diese obligatorischen »Boxenstopps« gewöhnt. Man musste die Einladung annehmen und sich dann rasch wieder verabschieden, um nicht in eine »Zeitfalle« zu tappen, wie Uwe es nannte. Ohne ihre Freundlichkeit wären wir gar nicht hier gewesen, also war es das mindeste, was wir tun konnten. Wir fragten, ob sie viele Besucher hätten. »O ja«, antworteten sie. »Vor drei Jahren kamen hier einige Kanadier auf Kamelen vorbei …«

Sie versorgten uns mit 360 Liter Treibstoff und ein paar Stunden später mit einer 1,20 Meter breite Platte mit Reis, auf der ein weiteres gebratenes Schaf thronte. Wir fragten nach der riesigen Dünenlandschaft im Westen, in der Uwe die Schlangendünen und

Aufkommender Sandsturm an der Grenze zwischen dem Jemen und Saudi-Arabien, 2004

»Als ich nach unten sah, bemerkte ich, dass der Nebel Hunderte von Metern unter mir sich rasch auf mich zubewegte. Ich grübelte ein paar Minuten darüber nach, bevor mir klar wurde, dass ich auf einen sich schnell bewegenden Strom kalter Luft schaute, der wie eine Lawine unter mir hinwegfegte. Ich war schon einmal in einen Sandsturm geraten und fühlte Panik in mir aufsteigen.«

Traditioneller Kaffee am Grenzposten in Markaz Dar Balutan in Saudi-Arabien, 2004

Das Team von George Steinmetz jagt bei starkem Wind hinter ihm her. Uruq al Mutaridah, Saudi-Arabien, 2002

Alain, Ali und Banounah bändigen den Gleitschirm von George Steinmetz in Uruq al Mutaridah, Saudi-Arabien, 2002.

die artesische Quelle gefunden hatte. Sie behaupteten, diesen Ort nicht zu kennen, boten uns aber einen ihrer Männer als Begleitung an. Wir nahmen das Angebot gerne an, da sie wohl eher nach uns suchen würden, wenn einer ihrer eigenen Leute nach zwei Tagen nicht wieder auftauchte. Wir brachen ein paar Stunden vor Sonnenuntergang ins Ungewisse auf und fuhren so schnell wir konnten durch die unberührten Dünen, bis die Dunkelheit hereinbrach. Ich befürchtete, dass wir bald steckenbleiben würden, als wir so den Leuchtpfeilen auf unseren tragbaren GPS-Einheiten folgten und mit unseren alten topografischen Karten im Stirnlampenlicht hantierten, während die Scheinwerfer der Autos die Dünenwände um uns herum anstrahlten. Wir fühlten uns wie fünf Blinde in einem Labyrinth.

Um zehn Uhr abends steckten wir, circa 30 Kilometer von Uwes »Schlangenfeld« entfernt, bis zur Achswelle im Sand fest und waren total erschöpft. Während Ali, Alain und ich das Führungsauto aus dem Sand gruben, wärmte Banounah ein gekochtes Hühnchen auf, das uns unsere Gastgeber in Ardah eingepackt hatten. Aber es zog ein Sandsturm auf, sodass wir kaum essen konnten, denn wir hatten keine Zelte, und in unseren Autos war wegen der vielen Ausrüstungsteile auch kein Platz mehr. Alain war so erschöpft, dass er auf das Essen verzichtete und sich auf eine Düne legte. Er zog sich seine Fleece-Jacke als Schutz vor den Sandböen über den Kopf und schlief den Schlaf des Gerechten, ohne sich vom Sturm stören zu lassen.

Um fünf Uhr früh weckte ich Alain mit einer Tasse heißen Espressos, weil ich eine Luftaufnahme von Uwes »Schlangendünen« bei Sonnenaufgang machen wollte. Im düsteren Licht vor der Dämmerung kämpften wir uns aus der Dünensenke heraus und gelangten in ein langes *shug* zwischen den Dünen. Der Wind war stark, und durch ein Loch in den Wolken sahen wir, dass die Sonne bald aufgehen würde, weswegen Alain und ich mein Fluggerät aus dem Kofferraum zerrten. 15 Minuten später flog ich über eine irdische Version der Marsoberfläche. Es war einer meiner wunderbarsten Flüge, und er war umso herrlicher angesichts unserer herkulischen Anstrengungen, um hierher zu gelangen, an einen Ort, den – außer Uwe und den daran gewöhnten Mitgliedern seiner Flug-Crew – noch niemand zuvor gesehen hatte.

Ich stieg auf etliche hundert Meter, um die Ketten aus Sterndünen überblicken zu können. Der starke Wind wehte genau parallel zu den Dünen, sodass diese wohl durch die ausgleichende Rückverwirbelungen entstanden waren. Es war ein spektakulärer Anblick, aber der Wind war in 600 Meter Höhe so stark, dass ich wieder tiefer ging, während ich mit einer Fluggeschwindigkeit von 50 Stundenkilometer den Wind kreuzte. Mit einer negativen Grundgeschwindigkeit zu fliegen, ist beunruhigend, aber sobald ich den Boden berührte, packte Alain meine Schirmleinen, und das ganze Team warf sich auf meinen Paraglider, damit ich nicht vom Wind über die Salzebene fortgerissen würde. Nachdem meine Euphorie abgeklungen und der Flieger wieder verstaut war, stellten wir uns der ernüchternden Herausforderung, Uwes rätselhafte Quelle im Sand zu finden. Sie lag circa 100 Kilometer südlich von uns, aber die 90 Meter hohen Dünenketten verliefen von Osten nach Westen. Nach unseren alten geologischen Karten lagen 25 Dünenreihen zwischen der Quelle und uns. Seit Ardah waren wir nur in weichem Sand und salzigem Schlamm gefahren, was enorm viel Treibstoff verschlang. Wir mussten unsere Route genau planen, damit wir nicht in einer Sackgasse ohne Benzin für den Rückweg landeten. Aber unsere Karten hatten sich letzte Nacht – trotz ihres Alters von über 40 Jahren – als sehr genau erwiesen. Offenbar waren die größeren Dünen hier stabil, also beschlossen wir, darauf zu setzen. Alain ermittelte den kürzesten Zickzackkurs durch die Dünenketten, setzte GPS-Wegpunkte an den dünnsten Stellen der Dünen, und dann brachen wir auf. Es herrschten fast surreale Bedingungen, besonders wenn man nur ein paar Stunden bei 43 °C geschlafen hat. Ich meinte zu halluzinieren, als wir zur Musik aus meinem iPod durch die Wüste fuhren. Nach ein paar Stunden dünnten die Dünen aus, und wir fanden Lücken in den Sandketten, sodass wir sie nicht durchbrechen

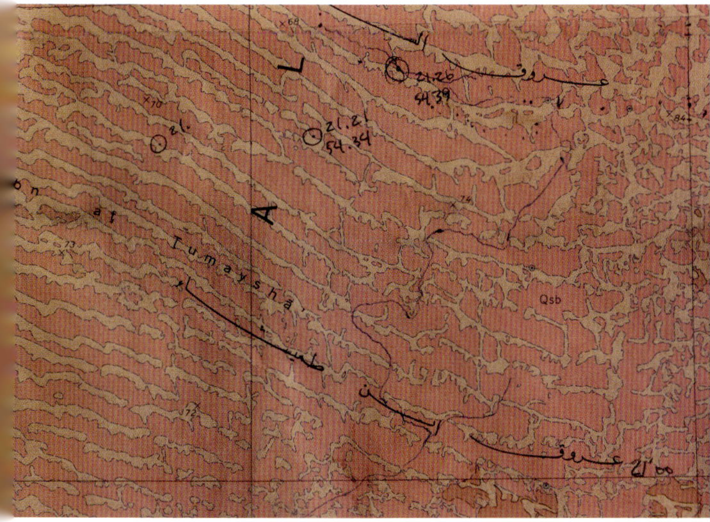

George Steinmetz' Route durch die Dünenketten von Uruq al Mutaridah, Saudi-Arabien, 2002

Uwes »Geysir« in Uruq al Mutaridah, Saudi-Arabien, 2002

Süßwasserseen in Khawr Hamidan, Saudi-Arabien, 2002

mussten. Dann stießen wir auf Spuren anderer Autos, die vermutlich von Expeditionen stammten, die vor Jahrzehnten die Gegend nach Öl abgesucht hatten. Die Spuren liefen alle in Richtung von Uwes Quelle zusammen, die sich als altes Bohrloch erwies, aus dem heißes, schwefelhaltiges Wasser schoss.

Auf dem Rückweg zurück nach Ardah durchwühlte ich meine Kartensammlung auf der Suche nach einem lohnenden Ziel und stieß auf meiner alten Michelin-Karte auf ein Wasserloch namens Khwar Hamidan. Wir wussten, dass wir uns der Stelle näherten, als die Farbe des Bodens von braun zu weiß wechselte, vermutlich wegen der alkalischen Salze, die nach der Verdunstung des Quellwassers zurückbleiben. Als Mohammed und Ali anhielten, um aus den 200-Liter-Fässern auf den Pick-ups nachzutanken, entschloss ich mich zu einem Flug bei Sonnenuntergang. Gerade als die Sonne unter dem Horizont verschwand, entdeckte ich die Oase von Khwar Hamidan und flog direkt darauf zu, während Alain, Alu und Mohammed mir am Boden folgten. Ich erreichte in der Abenddämmerung einen erstaunlichen Ort: Eine Kette klarer Süßwasserseen wand sich rund um eine riesige orangefarbene Düne. Ich schoss im schwindenden Licht noch ein paar Fotos und landete dann im Scheinwerferstrahl unserer drei Autos. Ich war hin- und hergerissen, denn ich wollte noch bleiben, aber wir hatten keine Zeit mehr.

Wir hatten eine der außergewöhnlichsten Landschaften der Erde erlebt, und meine Entscheidung zur Rückreise ließ mir keine Ruhe. Hatten wir wirklich das Beste des Leeren Viertels gesehen oder nur an der Oberfläche gekratzt? Aber ich war nicht länger ungebunden. Meine Frau, meine Tochter und meine neugeborenen Zwillinge warteten daheim auf mich. Aber ich schwor mir zurückzukommen, wenn ich einen Weg fände.

DIE ZWEITE DURCHQUERUNG

Nur zwei Jahre später kehrte ich mit einer Expedition in das Leere Viertel zurück. Ich schlug vor, dort weiterzumachen, wo wir zwei Jahre zuvor aufgehört hatten: in den Riesendünen der östlichen Wüste, und dann die Reise jenseits der Grenze im Oman und dem Jemen fortzusetzen. Ich wollte die außergewöhnlichen Dünenlandschaften meiner vorangegangenen Reise weiter erforschen, und ich hoffte, an den östlichen Rändern der Wüste noch mehr von der noch lebendigen Beduinen-Kultur zu finden.

Hier im Oman liegen die echten Ruinen von Ubar, dazu der Anfang einer Kette antiker Oasenstädte, in denen Kamelkarawanen Rast machen konnten, die Weihrauch bis nach Palästina brachten. Vor circa 2000 Jahren kontrollierten die Sabäer den Südteil des Leeren Viertels. Sie hatten, zusammen mit ihrer legendären Königin von Saba, vom Handel mit den Räuchermitteln profitiert. Ein internationales Team von Archäologen grub in diesem Winter Mahram Bilqis aus, das der sabäische Tempel für den Mondgott gewesen sein soll.

Ein weiteres südarabisches Handelszentrum, Shibam, erwies sich als eines der seltenen Beispiele für lebendige Archäologie: Die von Mauern umschlossene Stadt mit achtstöckigen Lehmgebäuden gilt als das mittelalterliche Manhattan der Wüste.

Die Zeitschrift bat meinen Freund Donovan Webster, die Story zu schreiben, da wir bereits früher gemeinsam an Geschichten über die Sahara und die Wüste Gobi gearbeitet hatten. Dabei wollten wir wieder mit Alain zusammenarbeiten, der sich auch dieses Mal um die Flugsicherheit kümmern wollte.

Mein größtes Hindernis war die Erlaubnis zur Überquerung der Grenze zwischen Saudi-Arabien und dem Oman. Zwar unterhalten die beiden Länder freundschaftliche Beziehungen, aber es gibt keinen offiziellen Grenzübergang. Es gibt nicht einmal Grenzbeamte zum Abstempeln der Pässe, da es hier keinen Überlandverkehr gibt. Ich fragte über die omanische Botschaft an, aber trotz monatelanger Wartezeit konnten sie so eine ungewöhnliche Anfrage nicht klären, weswegen man uns riet, nach Maskat zu fliegen. Juris Zarins, der Archäologe, der die Entdeckung des echten Ubar geleitet hatte, gab mir die Telefonnummer eines ranghohen

Donovan Webster nimmt in Khawr Hamidan ein Bad. Saudi-Arabien, 2004.

Das Lager von George Steinmetz bei Sonnenaufgang, Uruq al Mutaridah, Saudi-Arabien, 2004

Saudisches und omanisches Militär am Grenzposten nahe Mugshin im Oman, 2004

Beraters des Sultans von Omar. Nach vielen Telefonaten und E-Mails erhielten wir den Breiten- und Längengrad eines Punktes in der Wüste, wo wir am Mittag des von mir gewählten Tages, es war der 4. Februar 2004, Vertreter des omanischen Militärs treffen konnten. Ich musste an Bertram Thomas denken, der Aberhunderte von Kilometern ohne eine Genehmigung durch Saudi-Arabien galoppiert war. Für ihn wäre es unvorstellbar gewesen, Pässe und Kfz-Versicherungsdokumente vorab zu faxen – aber das war auch lange vor der Entdeckung von Öl im Wert von Milliarden Dollar unter dem Sand, vor der Ziehung von Wüstengrenzen und dem Auftreten von Al-Qaida.

Wir landeten Ende Januar 2004 in Riad und waren wenige Tage später in Shaybah. Aber die Atmosphäre in Saudi-Arabien hatte sich dramatisch verändert. Die USA waren im vorangegangenen Winter in den Irak einmarschiert, und in Saudi-Arabien hatten sich zahlreiche terroristische Bombenanschläge ereignet. Prinz Sultan hatte für unseren gesamten Aufenthalt im abgelegenen saudischen Teil des Leeren Viertels eine Militäreskorte organisiert. Als wir nach Shaybah kamen, gab es ungleich größere Sicherheitsvorkehrungen, weswegen es unmöglich war, die gleichen Gebiete zu überfliegen wie nur zwei Jahre zuvor.

Also füllten wir unsere Tanks und fuhren direkt zu den wundervollen Seen in Khawr Hamidan. Wir verbrachten einen Tag dort und hatten dieses Mal genug Zeit zur Erkundung. Aus einem der Seen konnte man sogar trinken, aber wir fanden keine Spuren von Tieren oder von Besuchen durch die Beduinen. Nach einem Morgenflug verließen Don und ich unsere Mannschaft und genossen ein Bad in einem der herrlichsten Seen der Welt. Aber solche Erlebnisse konnten wir nur kurz auskosten, da vor unserem Treffen an der omanischen Grenze jede Menge Wüste erkundet werden musste. Wir verbrachten einige Tage im Sandmeer und fuhren dort über 1500 Kilometer. Es war eine Reise zu den unwirklichsten Dünenformen der Welt, mit Satellitenfotos als »Speisezettel« und alten Karten als Führer. Fünf Tage später verließ unser Team mit drei Autos den letzten Grenzposten in Saudi-Arabien und steuerte durch das Niemandsland in den Oman.

EINFAHRT IN DEN OMAN

Die Koordinaten des omanischen Militärs führten uns zu Markaz Dar Balutan, einer schmucken staatlichen Siedlung, in der sich ein paar Beduinenfamilien in vorstädtischer Umgebung an ein sesshaftes Leben gewöhnten. Hinter dem Eingangstor stießen wir auf asphaltierte Straßen mit einem schachbrettartigen Seitenstreifen, auf Straßenlaternen, Reihen identischer klimatisierter Häuser, eine Moschee und ein Verwaltungszentrum. Dort wartete unser Empfangskomitee, das extra für uns aus Mugshin, der regionalen Verwaltungshauptstadt, angereist war, in frischen weißen Gewändern und mit zeremoniellen Stöcken. Frische Früchte, Datteln und viele weitere Lebensmittel waren liebevoll auf einem Teppich arrangiert und mit einer dünnen Plastikfolie abgedeckt. Die saudischen und omanischen Militärs trafen sich zum ersten Mal, obwohl ihre Stützpunkte nur einige Dutzend Kilometer voneinander entfernt lagen. Die omanische Regierung hatte unsere neue Eliteeskorte aus Sicherheitsgründen mit zwei Geländewagen in Wüstentarnfarben und mit zwei leichten Maschinengewehren auf dem Armaturenbrett ausgerüstet. Nach einem ausgedehnten Mittagessen mit vielen Nettigkeiten und Danksagungen verabschiedeten wir uns von unserer saudischen Entourage und machten uns auf den Weg in das gefürchtete *Umm as-Samim* bzw. zur »Mutter aller Gifte«. Dies ist das größte *sabcha*-Becken im Leeren Viertel und mit knapp 1500 Quadratkilometern Treibsand bedeckt. Thesiger wagte als erster Europäer eine kurze Erkundung, wobei seine Begleiter und ihre Kamele durch die brüchige Oberfläche in den schmierigen Schlamm einbrachen. Das Becken gilt als schmutziger und böser Ort, aber wir fanden nur eine nach der intensiven Suche nach Öl verlassene Gegend mit einer planierten Piste. Als Don versuchte, die mit leeren 200-Liter-Ölfässern markierte Strecke zu verlassen, wuchs unser Respekt vor Thesiger, da wir Stunden brauchten, um das Auto wieder aus dem Matsch herauszubekommen.

Karsttrichter nahe Mugshin, Oman, 2004

Alain Arnoux verschläft einen morgendlichen Sandsturm, Ramlat Amilhayt, Oman, 2004

Shisur und der Karsttrichter, der die Festung von Ubar verschluckte. Oman, 2004

Als Nächstes hielten wir in der von Juris entdeckten antiken Karawanensiedlung von Ubar, dem heutigen omanischen Ort Shisur. Der Weihrauchhandel hatte in den Bergen von Oman begonnen, in einer einst Ubar genannten Gegend zwischen dem Leeren Viertel und der Küste. Die historischen Quellen bezogen sich eigentlich nicht auf eine Stadt Ubar, sondern auf eine Region, in der einheimische Stämme die Rinde von knorrigen Bäumen abschälten, um an den Saft von *Boswellia sacra*, dem Weihrauchbaum, zu gelangen. Der Weihrauch wurde dann, vermutlich auf Eseln, aus den Bergen durch die steinige Wüste in eine der Karawanenstädte von Ubar transportiert, die als Sammelpunkte und Karawansereien dienten. Dort lud man den Weihrauch auf Kamele, denn im Winter zogen Karawanen auf allen Routen rund um und durch die Wüste hindurch bis nach Rom und Persien, wo man den Weihrauch mit Gold aufwog. Er wurde hauptsächlich für Feuerbestattungen und religiöse Zeremonien verwendet, ebenso wie in den heutigen katholischen Riten, und der Handel florierte zwischen 2800 v. Chr. und 300 n. Chr. Der Karawanenhandel war auf einer Route mit wenigen Banditen, Piraten und Zollbeamten und einer sich wechselnden klimatischen und politischen Situation sehr lukrativ. Der heutige Drogenhandel geht ähnliche Wege.

Jede Stadt entlang der Strecke profitierte vom Handel mit Wasser, Futter, Nahrung und Eskorten für die vorbeiziehenden Weihrauchkarawanen. Wahrscheinlich war Shisur ein zentraler Anlaufpunkt auf der im Winter genutzten Wüstenroute, während andere Handelszentren an der Küste am Seehandel verdienten, der die Passatwinde der Monsunsaison nutzte. Ron hatte die Satellitenbilder nach Karawanenspuren abgesucht, die von den Bergen an der Küste an den Wüstenrändern entlangführen. Und obwohl ein Pixel dieser Daten eine Fläche von zwei Basketballfeldern abbildet, konnte Ron den 4000 Jahre alten Spuren mit einem nicht sichtbaren Lichtspektrum folgen, in dem sich die Spuren vom Terrain darum herum deutlich abheben. Die Pfade liefen im heutigen Shisur zusammen, das dem »Atlantis der Wüste« von T. E. Lawrence kaum ähnelt. Im Jahr 2004 sah Shisur wie Markaz Dar Balutan aus: eine kleine vorstädtische Siedlung aus sterilen Häusern mit Klimaanlagen. Der einzige mögliche Hinweis auf die alte Handelsstadt Ubar war ein kleines Steingebäude direkt am Rand eines großen Karsttrichters. Zarins und sein interdisziplinäres Team hatten Reste von acht Türmen entdeckt, die mit einer Mauer verbunden waren und einen antiken Brunnen umgaben. Dies entspricht der Beschreibung einer Stadt mit vielen Türmen im Koran. Es scheint, als sei die sagenumwobene Stadt Ubar, als der Weihrauchhandel nachließ, im Sand versunken bzw. vielmehr in ebenjene Wasserquelle gerutscht, die sie einst gespeist hatte. Vielleicht hatte ein katastrophales Erdbeben ihren Untergang eingeläutet oder ein maßloser König. Aber Zarins vermutete einen weniger spektakulären Grund: Karsttrichter resultieren aus einem sinkenden Wasserpegel, und seit Jahrtausenden leidet Arabien unter einer großen Trockenheit einerseits sowie unkontrollierbaren Wolkenbrüchen andererseits. Vielleicht hätte man Shisur wieder aufgebaut, wäre das Christentum nicht zur Staatsreligion des Römischen Reiches avanciert. Heidnische Einäscherungszeremonien wurden verboten, weshalb auch kein Weihrauch mehr benötigt wurde. Der Vollständigkeit halber unternahm ich auch einen Flug über Shisur, der mich aber noch mehr enttäuschte als Wabar. Die Geschichten von Ubar und Wabar sind zwar faszinierend, aber die Ruinen, die ich entdeckte, waren für ein ungeübtes Auge wenig mehr als Löcher im Boden, und es galt, keine Zeit zu verlieren.

Wir zogen westwärts entlang der Weihrauchroute in Richtung Jemen. Auf der omanischen Seite der Grenze hatte man die meisten Wüstenstädte früherer südarabischer Kulturen in suburbane Neubausiedlungen mit fließendem Wasser, Elektrizität, Schulen und Klimaanlagen verwandelt. Als ich in einem Markaz nach dem anderen saß, unter den allgegenwärtigen und überdimensionalen Porträts des omanischen Herrschers Sultan Qabus, hörte ich immer das Gleiche: Die Regierung stellt den Beduinen Wohnung und die Dinge des Alltagsbedarfs, sodass sie sich nicht in der Wüste durchschlagen müssen. Und wenn die Kinder der Wüste

George Steinmetz fliegt über eine Herde Kamele, Wadi Mitan, Oman, 2004

Eines von zwei Autos der Militäreskorte, die George Steinmetz zum Schutz begleitete. Wadi Mitan, Oman, 2004

Bankett bei einem ortsansässigen Scheich am Abend der Abreise in den Jemen, Wadi Shihan, Oman, 2004

erst einmal die Außenwelt kennengelernt hatten und dort zur Schule gegangen waren, kehrten sie nicht mehr zu ihrer traditionellen Lebensweise zurück. Thesigers Arabien ist schon vor vielen Jahrzehnten verschwunden, und die antiken Karawanenstädte sind durch anonyme Vorstadtsiedlungen ersetzt worden.

Aber die Beduinen waren nach wie vor stolz auf ihr Wüstenerbe, und wir hörten, dass es immer noch einige alte Beduinen am Rand der Wüste gab, die Geschichten zu erzählen hätten. Im Wadi Mitan sollte man sie am ehesten antreffen können, nahe der Ecke, in der Saudi-Arabien, der Oman und der Jemen aufeinander treffen. Wir hielten zwei Tage lang in der wunderschönen Landschaft mit den orangefarbenen Sterndünen in den Salzebenen nach ihnen Ausschau, aber da es dort seit vielen Jahren nicht mehr geregnet hatte, waren kaum Beduinen zu finden.

Und dann überflog ich frühmorgens ein kleines Beduinenlager, gerade als eine große Kamelherde zum Grasen losgebunden wurde. Ich begann, aus großer Höhe zu fotografieren, und blickte genau auf die Kamele herab, deren lange Schatten seitlich über den bunten Sand tanzten. Plötzlich meldete mir Alain über mein Funkgerät, dass der alte Beduine, dem die Kamele gehörten, drohte, mich abzuschießen, wenn ich nicht aufhörte, seine Herde zu verstören. Sowohl sein Sohn als auch die Kamele auf dem Boden sahen aus der Luft nicht sonderlich gestresst aus. Auch glaubte ich nicht, dass irgendjemand dumm genug wäre, auf mich zu schießen, während eine schwerbewaffnete Militäreskorte in Sichtweite war. Also blieb ich in der Luft, um dieses außergewöhnliche Motiv aus der richtigen Perspektive zu erwischen. Meine Vermutung erwies sich als richtig: Der Beduine gab keinen einzigen Schuss ab, aber ich schoss eines der besten Fotos der gesamten Reise.

Zwei Tage später, am 12. Februar, reisten wir am Grenzposten im Wadi Shihan in den Jemen ein. Dieser Staat hat fantastische antike Städte mit hohen Lehmgebäuden und eine Bevölkerung, die noch nicht vom Ölgeschäft korrumpiert wurde, sodass wir hofften, hier mehr Beduinen zu finden, die noch am Rand der Wüste lebten. Aber zuerst mussten wir unsere Militäreskorte, unseren Übersetzer, unsere Fahrer und die Autos zurücklassen, um ein von mir organisiertes jemenitisches Team auf der anderen Seite der Grenze zu treffen. Seit 20 Tagen waren wir täglich 18 Stunden auf den Beinen, und ich fühlte, dass unser Fahrerteam aus Riad am Ende seiner Kräfte war. Zwar drohten sie nicht, mich umzubringen, wie damals Philby, aber sie brauchten definitiv Erholung und eine andere Umgebung. Ein paar Wochen später erfuhr ich, dass sie sich so beeilt hatten, nach Riad zurückzukehren, dass sich eines der Autos in einer zu schnell gefahrenen Kurve nahe der jemenitischen Grenze überschlagen hatte. Glücklicherweise wurde niemand ernsthaft verletzt.

GEFANGEN IN EINEM SANDSTURM

Auf unserem Weg nach Süden machten wir einen Abstecher an den kaum besuchten jemenitischen Rand der Wüste. Die besten, unerforschten Muster auf Rons Satellitenbildern lagen in Ramlat Hazar nahe der saudischen Grenze. Wir brauchten mit unseren drei Autos ein paar Tage, um dorthin zu gelangen. Auf einem Flug am frühen Morgen entdeckte ich dann etwas Ungewöhnliches: Bodennebel hüllte die Dünen circa 15 Kilometer nördlich von hier – vermutlich in Saudi-Arabien – ein. Unter mir, im Niemandsland der militarisierten Grenzzone, lag ein Feld aus chaotischen und unverzeichneten Dünen, und ich wollte nicht in saudisches Gebiet abdriften. Als ich nach unten sah, bemerkte ich, dass sich der Hunderte von Metern unter mir ausbreitende Nebel rasch auf mich zubewegte. Ich grübelte ein paar Minuten darüber nach, bevor mir klar wurde, dass ich auf einen schnell fließenden Strom kalter Luft schaute, der wie eine Lawine unter mir hinwegfegte. Ich war schon einmal in einen Sandsturm geraten und fühlte Panik in mir aufsteigen. Ich blickte zurück auf unser Lager, von dem ich eine halbe Stunde zuvor aufgebrochen war. Ich wusste, dass ich es in einem Sandsturm niemals zurück schaffen würde. Mit meinem Funkgerät rief ich Alain um Hilfe an. Er hatte es sich gerade völlig ahnungslos mit einem Kaffee am Lagerfeuer gemütlich gemacht. Ich gab ihm meine ungefähren

Saudische und jemenitische Gruppen treffen sich an der jemenitisch-omanischen Grenze, Wadi Shihan, 2004

Flucht vor einem Sandsturm, Ramlat Hazar, Jemen, 2004

Shibam, Wadi Hadramaut, Jemen, 2004

GPS-Koordinaten und ließ meinen Gleiter zur Notlandung in den Sturm hinabsinken. Auf circa 100 Meter Höhe verschwand der Boden in einem wirbelnden, braunen Sandnebel, und ich wurde von heftigen Sturmböen hin und her geschleudert. Ich hatte einmal den Fehler gemacht, in einer ähnlichen Situation in Panik zu geraten, und wusste, dass ich so schnell wie möglich auf die Erde musste, bevor die Böen weiter zunahmen. Als ich bis auf circa 30 Meter heruntergegangen war, konnte ich die Dünen erkennen und sah, dass ich mich rückwärts bewegte, während ich in Windrichtung steuerte.

Als ich mich dem Boden näherte, hatte ich Glück, und der Wind ließ für einen Moment nach. Ich stellte den Motor ab und konnte meine Position halten, als ich den Boden berührte. Ich drehte mich mit dem Rücken zum Wind und mit dem Gesicht zum Gleitschirm, der mich wie ein Spinnaker-Segel im Sturm in Richtung Jemen zerrte. Ich rammte die Fersen in den Boden und hinterließ zwei lange Spuren im Sand, als ich die Bremsleinen meines Paragliders um die Hände wickelte, um die Oberfläche des Schirms zusammenfallen zu lassen. Nach dem Anhalten knüllte ich den Paraglider zusammen und funkte Alain meine neue Position. Der wollte versuchen, mich mit dem Auto zu finden. Nach circa 20 Minuten tauchte er auf, doch erst in 15 Meter Entfernung konnte ich ihn sehen. Wir fielen uns erleichtert in die Arme. Der Sandsturm folgte uns zwei Tage lang südwärts und hörte erst auf, als wir das grüne Hadramaut-Tal erreichten.

Wir verbrachten eine Woche in Hadramaut, einer langen Kette alter landwirtschaftlicher Städte, die von 300 Meter hohen Klippen aus rotem Gestein gesäumt werden. Die in diesen Felsen entspringenden Quellen ermöglichen hier seit Jahrhunderten die Landwirtschaft. Hier fanden wir lebendige Geschichte, denn diese antiken, von Mauern umgebenen Städte florierten während des Weihrauchhandels vor 2000 Jahren. Entlang der Küste hatte sich eine zweite Weihrauchroute durch das Hadramaut-Tal entwickelt. Die spektakulärste Stadt auf dieser Strecke war Shibam, das so genannte »Manhattan des Mittelalters« mit achtstöckigen Häusern aus sonnengetrocknetem Lehm und Palmenholz. Die Frauen in Hadramaut sind berühmt für ihre großen Strohhüte. Zusammen mit ihren langen, schwarzen Handschuhen und Mänteln sehen sie ein wenig wie Hexen aus. Jede Gemeinde in Hadramaut trägt andere Hüte, die sie bei der Feldarbeit in der brennenden Sonne schützen.

Wir folgten der Weihrauchroute und zogen westwärts entlang der Wüste weiter, die sich ins Ramlat Sabatain erstreckt. Als Nächstes hielten wir in Shabwa, das vor 2000 Jahren die vom Weihrauchhandel reiche Hauptstadt von Hadramaut gewesen war. Aus der Luft konnte ich über 15 Quadratkilometer weit auf Felder und ein Bewässerungssystem sehen, das einst die vorbeiziehenden Karawanen mit Futter versorgt hatte. Aber mittlerweile war die Gegend fast verlassen und die Stadt bestand nur noch aus bröckelnden Ruinen.

Wir folgten weiter den Spuren der Weihrauchkarawanen in die ähnlich unspektakulären Ruinen von Bajhan, zogen dann über eine alte Schmugglerroute Richtung Marib und schlugen am Rand der Dünen unser Lager auf. Bei Sonnenaufgang startete ich einen Flug und folgte dem Schmugglerpfad weiter durch die Wüste und durch die Ausläufer des jemenitischen Hochgebirges. Sechzehn Monate vorher hatte eine amerikanische Drone hier eine Rakete auf ein Auto mit sechs Menschen abgefeuert, die mit der al-Qaida zusammengearbeitet haben sollten. Ich war mir über den genauen Ort nicht im Klaren, bevor ich direkt darüber hinweg geflogen war, aber ich hatte bemerkt, dass die Menschen am Boden mich nicht gerade enthusiastisch begrüßten. Eine halbe Stunde später erreichte ich die archäologische Stätte von Marham Bilqis, den mutmaßlichen Tempel der Königin von Saba. Das archäologische Ausgrabungsteam wurde von Merilyn Phillips Hodgson, der Schwester des Abenteurers Wendell Phillips, angeführt, der als Erster diese Stätte in den frühen 1950er Jahren freigelegt hatte. Phillips soll für die Filmfigur des Indiana Jones Pate gestanden und bei Grabungen immer einen Colt an der Hüfte

1958er Ausgabe von Wendell Phillips' *Shebas Buried City*

Archäologen schauen in Mahram Bilqis zu George Steinmetz hoch. Marib, Jemen, 2004

Merilyn Phillips Hodgson vor den Säulen von Mahram Bilqis, Marib, Jemen, 2004

Thesigers Gruppe passiert eine Festung, Liwa, VAE, 1948

getragen haben. Er war ein charmanter junger Ölgeschäftsmann und Forscher mit besten Verbindungen. 1950 überzeugte er den Vorstandsvorsitzenden von Chrysler, ihm 18 Dodge Power Wagons für seine mehrjährigen Ausgrabungen von antiken Stätten in Südarabien zu überlassen. Viele glaubten, der Tempel der Königin von Saba sei der größte archäologische Fund auf der arabischen Halbinsel, aber die Stätte versank im Sand, nachdem Phillips die Grabungen wegen Problemen mit Einheimischen und aufgrund von Sicherheitsbedenken aufgeben musste. Offenbar hatte sich die Sicherheitslage nicht wesentlich verbessert, denn die Militärwache des jetzigen Ausgrabungsteams zielte mit einem 50-Kaliber-Maschinengewehr auf mich, als ich in der Luft auftauchte. Aber Merilyn beruhigte sie, sodass ich ein paar seltene Luftaufnahmen dieses eindrucksvollen Ortes machen konnte. Ich landete direkt vor den acht Kalksteinsäulen am Eingang des 3500 Jahre alten Tempels. Wir begrüßten uns nach dieser recht dramatischen Ankunft herzlich, und Merilyn stellte mir ihr Team vor. Seit einem guten Monat waren die internationalen Archäologen mit den Ausgrabungen beschäftigt und 80 jemenitische Arbeiter plagten sich mit 1120 Eimern voll Sand in der Stunde. Die Stätte mit ihren lebensechten, dreidimensionalen Skulpturen von Menschen und Pferden – in Stein geschnitten und in Bronze gegossen – war einzigartig in Arabien.

Wir dokumentierten für einige Tage in Marib die eindrucksvollen Funde der Archäologen, aber die Atmosphäre in der Stadt war von Misstrauen vergiftet und jeder Mann in diesem Teil des Jemen schien eine Kalaschnikow über der Schulter und einen Krummdolch im Gürtel zu tragen. Zwischen zwei Clans in der Nähe der Grabungsstätte herrschte eine Blutfehde und die Regierung hatte Schützenpanzerwagen vor ihren Häusern stationiert, damit sie sich nicht gegenseitig umbrachten. Wir trafen den Gouverneur dieser Provinz, Abdullah Al-Nase, der meinen Flug über die antike Totenstadt Alam al-Abyad von einer Polizeieskorte begleiten ließ. Aber nur einige Tage später wurden wir wegen des Verdachts der Spionage vom Militär unter Hausarrest gestellt.

Nach einer Nacht in der Polizeistation durften wir in ein Hotel übersiedeln, wo man uns einzeln verhörte. Da wir keine offizielle Flugerlaubnis für den Jemen hatten, konnte uns der Gouverneur nicht helfen. Der Befehl habende Offizier bestand darauf, dass ich meine Filme herausgab, was ich aber ablehnte, da ich zu diesem Zeitpunkt bereits über 250 Filmrollen belichtet hatte. Das machte ihn natürlich nur noch misstrauischer. Ich führte über Satellitentelefon zahlreiche Gespräche mit meiner Frau in New York und meinem Herausgeber in Washington, mit der US-amerikanischen Botschaft in Sanaa und einem Medienberater des jemenitischen Präsidenten. Nach ein paar Tagen wurden wir freigelassen und waren sehr erleichtert, als uns die nächste Maschine außer Landes brachte.

DIE VEREINIGTEN ARABISCHEN EMIRATE

Das letzte Mal kehrte ich im Frühjahr 2008 ins Leere Viertel zurück. Ich wusste, dass ich alle Länder sehen musste, zu denen die Wüste gehörte, und mir fehlten noch die Vereinigten Arabischen Emirate. Zu dieser Zeit waren die Ölpreise auf einem Dauerhoch und die Emirate schwammen im Geld. Zwar fand ich kein Magazin, dass meine Reise finanzierte, aber meine Frau, die als Redakteurin beim *Wall Street Journal* arbeitet, überzeugte mich, auf jeden Fall in die Emirate zu reisen, um das letzte Stück der Geschichte über das Leere Viertel zu schreiben. Letztendlich zahlte ich die Reise aus eigener Tasche. Ich fragte meinen Freund François Lagarde, ob er sich um meine Flugsicherheit kümmern und ein paar schöne Flüge erleben wollte. Wir entnahmen eine Seite aus Bertram Thomas' Buch und reisten diskret in das Land ein. Wir hatten keine speziellen Genehmigungen und waren froh, am Flughafen mit unseren großen und schmutzigen Taschen voller Fluggerät durch den Zoll zu kommen.

In Abu Dhabi fanden wir kein Zimmer unter 300 US-Dollar die Nacht. Also schraubten wir einen Tag lang unsere Gleitschirmmotoren auf einem Parkplatz zusammen und verbrachten eine Nacht in

Restaurierte Festung von Dschabbanah und moderne Bewässerungsanlage in Liwa, VAE, 2008

François Lagarde bereitet sich auf einen Flug vor. Umm az-Zamul, VAE, 2008

Ein Scheich rast in seinem kalifornischen Dünenbuggy die Dünen hinauf. Moreeb, VAE, 2008

Abu Dhabi, bevor wir in die Wüste aufbrachen, wo wir zweieinhalb Wochen aus dem Kofferraum eines gemieteten Mitsubishi Pajero lebten. Wir fühlten uns wie zwei fremde Beduinen, die sich ein japanisches Kamel teilen. Es war eine richtige Arme-Leute-Safari mit kalten Lagern im Sand, wann immer wir nachts Rast machten.

Es war seltsam, wie die Asphaltstreifen und die Stromleitungen die Wüste zerstückelten. Jede Nacht war der Horizont von Lichtern erhellt. Die Vereinigten Arabischen Emirate sind ein sehr dünner Streifen Land. Der größte Teil des Landes ist in zwei Stunden von der Küste aus zu erreichen. Liwa, das für Thesiger auf seinen beiden Durchquerungen aus einer Reihe karger Siedlungen am Ende der Welt bestand, war nun ein modernisiertes und intensiv bewässertes Landwirtschaftszentrum mit einem Netzwerk aus tiefen Brunnen.

Scheich Zayid von Abu Dhabi, der Thesiger nach seiner zweiten Durchquerung empfangen hatte, hatte sich auf einer der größten Dünen Liwas einen riesigen Palast gebaut und die vielen Morgen Land darum herum in einen riesigen Golfrasen verwandeln lassen. Es wurde sogar eine autobahngroße Erdrampe aufgeschüttet, die direkt nach oben führte, damit die Autos nicht in Serpentinen den Berg hinauffahren mussten.

Zwar wäre es interessant gewesen, Fotos von Zayids Winterpalast aus der Luft zu machen, aber ich wäre mit Sicherheit gestellt und eingesperrt worden. Und wenn der gegenwärtige Herrscher, Zayids Sohn Scheich Khalifa bin Zajid Al Nahyan, da gewesen wäre, hätte man mich vermutlich erschossen. Also reisten wir weiter in den Süden bis nach Moreeb, das nur knapp 30 Kilometer von der saudi-arabischen Nordgrenze nahe Shaybah liegt. Die Moreeb-Düne ist die größte in den Emiraten: Ihre Rutschseite steigt über 150 Meter hoch und in einem Winkel von 45° an. Um hier hinauf zu kommen, braucht man sehr leichte, aber gut motorisierte Autos. Es ist für reiche Saudis eine Art Wochenendvergnügen, hier draußen ihre Fahrfähigkeiten in extra angefertigten Allradwagen, starken Quads und Dünen-Buggys zu testen.

Als wir dort eine Nacht lang kampierten, wurden wir von den Lichtern und dem Röhren eines frisierten südkalifornischen Dünen-Buggys geweckt, der von einem reichen Jungscheich und seinen jungen ausländischen Gefährten gelenkt wurde. Der Jungscheich fuhr, während er die Düne im Schein von Parklichtern und Nebellampen hochraste, nur auf den Hinterrädern. Es war ein sehenswertes Spektakel! Für mich aber war es auch ein Zeichen dafür, dass die Stille und Erhabenheit dieser herrlichen Wildnis vielleicht bald ein Ende haben wird.

Am nächsten Tag lud uns einer dieser »Dünenraupen« zum Mittagessen zu sich nach Hause in Liwa ein und zeigte uns den Dattelgarten seiner Familie. Der Grundwasserpegel in Liwa fällt rapide ab und Gebiete, die einst nur eineinhalb bis drei Meter unter der Oberfläche Wasser geführt hatten, brauchten nun über 80 Meter tiefe Brunnen. Das Wasser versalzt zudem zunehmend. Was die Bevölkerung angeht, war das Leere Viertel in den Emiraten nicht mehr so leer wie früher, während seine wenigen Ressourcen rapide schwanden.

Thomas und Philby hatten ihre Durchquerungen in besonders feuchten Jahren unternommen, aber es scheint, dass die Trockenheit der Wüste zunimmt, besonders verglichen mit den Monsunregen, die einst die antiken südarabischen Kulturen gedeihen ließen. Auf meinen eigenen Reisen durch die Wüste war es nicht ungewöhnlich, 80 Kilometer lang keine lebendige Pflanze zu sehen.

Nach 16 000 Kilometern Fahrtstrecke durch den Sand und mehr als 100 Flugstunden über der Wüste konnte ich ein paar Punkte der riesigen blinden Karte des Leeren Viertels ausfüllen. Aber ich fragte mich, wie viel von dieser dürren Wildnis noch vorhanden wäre, wenn ich einmal zurückkäme. Ich empfand ein wenig wie Thesiger, der am Ende seiner Reisen desillusioniert beklagte, wie die arabische Welt, die er so gut kannte und liebte, vor seinen Augen verschwand. Obwohl ich einst dachte, dass das weltgrößte Sandmeer wegen seiner Inselpolitik und durch seine schiere Größe und Abgelegenheit resistent gegen äußere Einflüsse wäre, bin ich mir mittlerweile nicht mehr so sicher.

EINE REISE INS LEERE VIERTEL

»Nein, es kommt nicht auf das Ziel an, sondern auf den Weg zum Ziel, und je schwerer dieser ist, desto lohnender ist auch die Reise.«

Wilfried Thesiger, *Die Brunnen der Wüste*

Vorhergehende Seiten:
Alain Arnoux in Uruq al Mutaridah, Saudi-Arabien; Beim Überqueren von Sterndünen, Uruq al Mutaridah;
Kreuzen von 50 Jahre alten Reifenspuren, Uruq al Mutaridah; Alain Arnoux überfliegt Sicheldünen in Shaybah, Saudi-Arabien
Rechte Seite: Beim Befahren der Sterndünenketten von Uruq al Mutaridah in Saudi-Arabien

Abendgebet, Uruq al Mutaridah, Saudi-Arabien

Mikrowellen-Telefon nahe Sharurah, Saudi-Arabien

Oben links: Morgentee im Beduinenlager nahe Sanaq, Jemen
Oben rechts: Almosen für die Armen, Sharurah, Saudi-Arabien

 Ein Beduine wirft einen Schuh auf einen Fremden, Wuday'ah, Saudi-Arabien

Vom Wind verwehte Sicheldünen, Uruq Bani Ma'arid, Saudi-Arabien
Rechte Seite: Rhim- oder Kropfgazellen, Umm az-Zamul, VAE

WASSER

Das erste Mal sah ich sie vor 20 Jahren, als ich in einem Jet von Maskat nach Kairo flog. Aus über 10 000 Meter Höhe blickte ich auf Hunderte kreisrunder, grüner Lilienfelder, die aus der sandfarbenen, öden Fläche herausstachen. Wie konnte es mitten in der saudi-arabischen Wüste so viel Wasser geben, und warum sollte irgendjemand kreisförmige Flächen bewässern? Ich vermerkte mir diese Felder auf meiner langen Liste globaler Kuriositäten, die ich eines Tages besuchen wollte. Vor meinem ersten Trip in das Leere Viertel stieß ich im Internet wieder auf die Lilienfelder in der Wüste. Ich fand sie auf einem Bild, das aus einer Raumfähre aufgenommen worden war, und es zeigte ebenfalls diese smaragdgrünen Bewässerungszirkel am Rand der Wüste nahe dem Wadi Dawasir. Ihre merkwürdige Form kommt von Kreisberegnungsanlagen, die aus fossilem Wasser im Erdboden gespeist werden. Das System ist relativ simpel: In der Mitte des Kreises liegt ein Brunnen, und eine Pumpe verteilt das so gewonnene Wasser in Hunderten von Metern an rotierende Rohre und Sprinkler.

Das schien ein tolles Motiv zu sein, und als ich meine Tour durch das Leere Viertel startete, wollte ich diese Wüstengärten unbedingt besuchen. Auf unserer Fahrt dorthin erklärte uns der ägyptische Agrartechniker, der uns begleitete, dass die ersten Brunnen im Wadi Dawasir 1983 gebohrt worden seien und dass hier nun über 250 Quadratkilometer Wüstenboden landwirtschaftlich genutzt werde. Mit ein wenig Dünger könne man hier während der Wintermonate Weizen, Luzerne, Zwiebeln, Kartoffeln und Tomaten anbauen. Allerdings wird dabei eine enorme Menge Wasser verbraucht: 350 Liter pro Quadratmeter. Die Felder müssen das ganze Jahr über bewässert werden, selbst im Sommer, wenn nichts angebaut wird, um die bei der Verdunstung entstehenden Salze herauszuspülen und den Boden auf diese Weise fruchtbar zu halten. In 15 Jahren ist der Druck des Grundwassers kontinuierlich abgefallen. Vom anfänglich geysirartigen Druck einer artesischen Quelle ist nicht mehr viel übriggeblieben. Mittlerweile muss das Wasser aus 150 Metern Tiefe heraufgepumpt werden. Der Techniker schätzte, dass sich in fünf Jahren auch das Pumpen nicht mehr rechnen wird.

Circa eine Woche später folgten wir der Spur aus grünen Lilienfeldern in die Wüste, wo wir fast in eine riesige, trichterförmige Grube mit über 100 Metern Durchmesser gefahren wären. Vom Rand aus spähten wir in etwas hinein, das aussah wie das Mittelstück einer leeren Sanduhr. Die einheimischen Landarbeiter hatten keine Ahnung, was das sein sollte – abgesehen von einer großartigen Müllkippe. Alles, was man hineinwarf, wurde durch den Boden der »Sanduhr« hinuntergezogen. Aber die Nähe der Grube zu den runden Luzernenfeldern ließ wenig Zweifel aufkommen: Die kegelförmige Senke gehörte zu einem riesigen Karsttrichter, der einen durch das massenhafte Abpumpen von Grundwasser entstehenden Hohlraum ausfüllte – das gleiche Phänomen, das die verlorene Stadt Ubar vor vielen Jahren hatte im Sand versinken lassen.

Auch wenn das Sandmeer des Leeren Viertels zwei Millionen Jahre alt ist – diese Gegend war nicht immer eine Wüste. Wie uns der Aramco-Geologe Hal McClure erklärte, gab es zwei Perioden – vor 5000 bis 10 000 und vor 17 000 bis 37 000 Jahren –, in denen das Klima hier so feucht war, dass sich zwischen den Dünen der *Rub al-Chali* kurze Zeit Seen ausbreiteten, die Nilpferden und Wasserbüffeln sowie den Steinzeitmenschen, die hier mit Steinwerkzeugen jagten, einen Lebensraum boten.

Circa 80 Kilometer weiter in der Wüste stolperten wir über die Steinkreise eines mutmaßlichen Hirtenlagers aus ebendiesen feuchteren Zeiten. Während wir selbst keine Ausgrabungskenntnisse hatten, schätzte der *GEO*-Autor Uwe George, der große Erfahrung mit ähnlich aussehenden Stätten in der Sahara hat, das Lager auf ein Alter von vielen tausend Jahren. So muss es wohl sein, da man heute im unwirtlichen Sandmeer des Leeren Viertels nicht einmal die kleinste Herde der robustesten Tiere halten kann. Ich überlegte, was wohl die Menschen in tausenden von Jahren denken werden, wenn sie auf die verlassenen Überreste der Kreisberegnungsanlagen des späten Ölzeitalters stoßen. Wird es hier dann wieder feuchter sein? Und werden sie eine Erlaubnis für die Ausgrabung brauchen?

Sicheldünen, Shaybah, Saudi-Arabien
Rechte Seite: Sterndüne, Khawr Hamidan, Saudi-Arabien

Sterndüne, Ramlat Mitan, Oman

 Kamele auf der Suche nach Futter, Wadi Mitan, Oman

Beduinenlager, Shabwah, Jemen

 Verlassenes Wiederansiedlungslager für Beduinen, Hazar, Jemen

Grenzstein zwischen Saudi-Arabien und dem Oman nahe Ardah, Saudi-Arabien

69 Straßenmoschee in Wuday'ah, Saudi-Arabien

Oben und rechte Seite: Verlassenes Baucontainerlager, Umm Hisin, VAE

»In den Wüsten Südarabiens gibt es keinen Wechsel der Jahreszeiten, kein Steigen und Fallen der Säfte, sondern nur öde Wüsten, in denen nichts als der Wechsel der Temperatur den Lauf der Jahre anzeigt. Es ist ein strenges knochentrockenes Land, das weder Milde noch Behaglichkeit kennt. Dennoch leben dort seit Urzeiten Menschen.«

Wilfred Thesiger, *Die Brunnen der Wüste*

 Rechte Seite: Seltener Nebel bei Sonnenaufgang, Shaybah, Saudi-Arabien

SCHWARZES GOLD

Saudi-Arabiens neuestes Ölfeld, Shaybah, hat etwas Surreales. Die meisten Arbeiter fliegen mit dem Aramco-Jet aus Dhahran ein, und schweres Gerät wird auf einer zweispurigen Straße quer durch die Dünen transportiert. Aber wir hatten tief in der Wüste nach Meteoriteneinschlägen gesucht und kamen deswegen »querfeldein« aus dem Südwesten. Von dieser Seite führen keine Straßen oder Pfade zum Ölfeld, weswegen wir uns mit 40 Jahre alten Karten, unserem GPS und viel Vertrauen in unsere Geländewagen circa 250 Kilometer durch unberührte Dünen schlagen mussten. Kurz nach Sonnenaufgang erblickten wir vom Kamm einer Düne aus die Ausfallstraße des Ölfeldes und rollten erleichtert darauf zu, als wäre sie eine Lebensader, die jeden Moment verschwinden könnte. Bald donnerten wir auf dem Asphalt mit 130 Kilometer die Stunde dahin. Zwei Stunden lang sahen wir weder einen Menschen noch einen Kontrollpunkt. Je weiter wir nach Osten fuhren, desto größer und schöner wurden die Dünen. Wir kamen in jenen Teil des Leeren Viertels mit der größten Dünenansammlung. Aus der Vogelperspektive sieht sie aus wie eine riesige Rasterblende mit enormen Spitzen aus ziegelrotem Sand, die über 150 Meter hoch aufragen.

Monatelang hatte ich versucht, Zutritt zu Shaybah und seinen Milliarden teuren Anlagen zu erlangen, da dies eines der am spektakulärsten gelegenen Ölfelder weltweit und zudem die einzige zivile Straße in die großen Dünen ist. Außerdem schien es mir undenkbar, von einer Fotoexpedition über Saudi-Arabien keine Bilder von der Ölförderung mitzubringen. Wir passierten Bohrlöcher, Pipelines und eine riesige Anlage zur Trennung von Gas und Öl, ohne aufgehalten zu werden. Als wir die Verwaltungszentrale von Shaybah erreichten, fühlte ich mich, als würde ich durch den Hintereingang einer riesigen Bank direkt in den Tresorraum spazieren. Am Eingangstor warteten wir eine Stunde, während unsere Genehmigung überprüft wurde. Dann öffneten sich die Türen. Für mich und Alain Arnoux glich Shaybah einer visuellen Goldmine. Dies war das Vorzeige-Ölfeld von Saudi Aramco, das erst vor vier Jahren fertig geworden ist.

Zwar hatte man die dortigen Ölvorkommen bereits 1968 entdeckt, aber wegen der Abgelegenheit und der Beschaffenheit des Ölreservoirs lohnte sich die Förderung erst, als die Fortschritte in der horizontalen Bohrung den Bau einer Anlage erlaubten, wie sie 1998 fertiggestellt wurde. Dies ist nach wie vor das größte Ölfeld, das in den letzten 20 Jahren erschlossen wurde. Allein der logistische Aufwand war gigantisch, da das Feld 400 Kilometer von der nächsten Straße entfernt lag. Sogar den Bausand musste man herbeibringen, da man mit dem Wüstensand des Leeren Viertels keinen Beton mischen kann. Innerhalb von drei Jahren asphaltierte Saudi Aramco, die weltgrößte Ölfördergesellschaft, 400 Kilometer Straße, bohrte 100 Bohrlöcher, legte eine 650 Kilometer lange Pipeline bis nach Abqaiq an der Küste, baute einen Jet-Flughafen und eine Wohnanlage für 700 Mann. Hier werden täglich 750 000 Barrel des arabischen leichten [mit geringerer Dichte – d. Ü.] und süßen [mit einem geringeren Schwefelgehalt – d. Ü.] Rohöls gefördert, das so rein ist, dass es nur wenig raffiniert werden muss, um als Dieseltreibstoff verwendet zu werden. Das gesamte Vorkommen des Feldes wird auf 19 Milliarden Barrel geschätzt.

Wir durften uns überall in der Anlage umsehen, die einen langgestreckten Wohnbezirk, ein privates Flugfeld für Jets und ein Straßennetz durch eine der spektakulärsten Dünenlandschaften der Welt umfasst. Außerdem durften wir kostenlos tanken, so oft wir wollten. Das Beste aber war der Notfallschutzraum, in dem wir etliche hochauflösende Satellitenbilder fanden, sodass wir unsere Gleitschirmflüge genau planen konnten, nachdem wir jede Düne in dem knapp 500 Quadratkilometer großen Ölfeld inspiziert hatten. Man hatte sogar für eine Cafeteria mit Buffet gesorgt, dazu für private Gästezimmer mit Telefon, Fernseher und Duschen sowie einen riesigen, überdachten Swimmingpool, der im Sommer gekühlt wird. Wir hatten seit zehn Tagen keine Toilette mehr von innen gesehen, von einem Kleidungswechsel ganz zu schweigen. Das hier erschien uns wie das Paradies!

Wegen unserer Anreise im eigenen Auto und unserer experimentellen Fluggeräte erregten wir einiges Aufsehen. Shaybah ist ein voll erschlossenes Ölfeld, weswegen auf dem Gelände nicht viel los war. Aber es gab ein neues Bohrloch, das ans System angeschlossen werden sollte. Damit keine Verunreinigungen ins Leitungssystem gelangten, musste das geförderte Material erst einige Minuten lang abgefackelt werden. Die riesige Flamme und die schwarze Rauchfahne würde man 15 Kilometer weit sehen können – also genau der Anblick, der so charakteristisch für ein Ölfeld ist. Der Betriebsleiter erzählte mir, dass der norwegische Ölminister in dieser Woche mit einer großen Delegation und Journalisten zu Besuch käme. Er könne deswegen das Bohrloch nicht sofort ausbrennen, da das keinen guten Eindruck auf die ausländischen Gäste machen würde. Aber wenn ich nächste Woche noch einmal zurückkäme und niemand zusähe, könnte ich die Flamme fotografieren. Eine Woche später bekam ich mein Foto.

Links: Straße und Pipelines, Shaybah, Saudi-Arabien
Anlage zum Raffinieren von Erdöl, Shaybah, Saudi-Arabien

TOP

Beduine auf der Straße nach Shaybah, Saudi-Arabien

 Straßenrestaurant, Qaryat al-Fau, Saudi-Arabien

Restaurant beim Emirates National Car Museum, Abu Dhabi, VAE

Tankstelle in Kharkheer, Saudi-Arabien

Moschee in einem Beduinenlager, Wuday'ah, Saudi-Arabien

 Kühler Swimmingpool im Aramco-Komplex in Shaybah, Saudi-Arabien

Wildhüter-Camp, Bani Maarid, Saudi-Arabien

 Das größte Auto der Welt, *Emirates National Car Museum*, Abu Dhabi, VAE

Beduinenladen, Madinat Zayed, VAE

 Wohnwagen, *Emirates National Car Museum*, Abu Dhabi, VAE

»Niemand kann dieses Leben leben und unverändert daraus hervorgehen.
Er wird für immer, mehr oder weniger deutlich, das Zeichen der Wüste,
das Zeichen des Nomaden tragen; und er wird immer das Heimweh nach diesem
Leben spüren, leise oder brennend, je nach seiner Veranlagung.
Denn dieses grausame Land kann einen Zauber ausüben,
dem ein gemäßigtes Klima nichts Vergleichbares entgegenzusetzen hat.«

Wilfred Thesiger, *Die Brunnen der Wüste*

Schmugglerroute von Marib nach Timna, Jemen

DIE KÖNIGIN VON SABA

Ich entdeckte die Ruinen eines ovalen Tempels aus 300 Meter Höhe. Dieser Tempel war Mahram Bilqis, der angebliche Mondtempel der Königin von Saba. Er wurde gerade zum zweiten Mal in 1500 Jahren ausgegraben. Als ich über dem Tempel kreiste, sprach aus vielen der nach oben gewandten Gesichter Verwirrung, da ein motorisierter Gleitschirm in den jemenitischen Wüsten ein echtes Kuriosum ist. Bald erkannte ich den blonden Haarschopf von Merilyn Phillips Hodgson, der archäologischen Leiterin, und als sie zu mir heraufsah, winkte ich ihr zu. Ich machte ein paar Fotos von der Ausgrabungsstätte, bevor ich auf dem sandigen Boden direkt vor den acht Säulen des Tempeleingangs landete. Meine aufsehenerregende Ankunft bildete eine willkommene Abwechslung von der schweißtreibenden und eintönigen Ausgrabungsarbeit, weswegen ich schnell dem ganzen Team vorgestellt wurde. Dann nahm mich der Vorgesetzte der Wachmannschaft beiseite und sagte mir, dass ich genau im richtigen Moment gewunken hätte, denn seine Männer hätten mich wohl mit ihren Maschinengewehren abgeschossen, wenn Merilyn sie nicht zurückgehalten hätte.

Sie war hierhergekommen, um das archäologische Werk ihres verstorbenen Bruders, Wendell Phillips, zu vollenden, der 50 Jahre zuvor als Erster hier gegraben hatte. Wendell war ein charismatischer Forscher und Profi im Ölgeschäft, der während Grabungen immer einen mit Elfenbein verzierten 38er Colt an der Hüfte getragen und für die Filmfigur des Indiana Jones Pate gestanden haben soll. 1952 entfernte sein Team die Sandverwehungen, die Mahram Bilqis jahrhundertelang bedeckt hatten, und legte dabei wunderschöne Reliefarbeiten frei, Inschriften in antiken sabäischen Buchstaben und eine Fülle von fein ausgearbeiteten Stein- und Bronzestatuen. Es war einer der größten archäologischen Funde auf der arabischen Halbinsel. Ein so hohes kulturelles Niveau hatte man für diese weitgehend unbekannte Epoche der Geschichte des Nahen Ostens nicht erwartet.

Die Sabäer herrschten in diesem Teil Arabiens in vorislamischer Zeit vom 8. Jahrhundert v. Chr. bis 275 n. Chr. Damals war Saba – auch Sheba genannt – eine der höchstentwickelten Kulturen in Arabien. Die Hauptstadt Marib war »das Paris der antiken Welt«. Sabas Reichtum beruhte zum einen auf der Lage an der Handelsroute für Weihrauch, zum anderen auf dem fortschrittlichen Bewässerungssystem. Karawanen nutzten ihre aromatische Fracht, um für die Dienstleistungen und Waren entlang der Strecke zu bezahlen, von denen die Stadt Marib als größte Oase dieser Route am meisten bot. Die landwirtschaftliche Grundlage Maribs war sein Damm, der eine der größten baulichen Leistungen der antiken Welt war und 1000 Jahre hielt.

Der Damm wurde im 7. Jahrhundert v. Chr. erbaut und versorgte über 10 000 Hektar landwirtschaftliche Anbaufläche mit Wasser. Bis zu 655 Meter lagen zwischen den Deichschleusen aus sorgsam zugehauenem Mauerwerk. Der sabäische Reichtum endete mit dem Niedergang des Weihrauchhandels im 3. Jahrhundert n. Chr., als die Ausbreitung des Christentums heidnische Riten und den Gebrauch von Räucherwerk verdrängte. Einnahmen aus dem Karawanenhandel sanken und nötige Ausbesserungsarbeiten wurden vernachlässigt, weswegen der Damm verschlammte und schließlich bei einer sintflutartigen Überschwemmung im 6. Jahrhundert n. Chr. ganz zerstört wurde.

Zwölf Jahrhunderte lang konkurrierten viele Mächte um die Herrschaft über Marib – verschiedene südarabische Königreiche ebenso wie äthiopische und römische Legionen. Wendell Phillips entdeckte, dass die meisten der kunstfertig gearbeiteten Stein- und Bronzestatuen von Plünderern und zerstörungswütigen, marodierenden Zeloten aus ihrem Fundament gerissen worden waren. Nur ein paar der exquisiten Stücke blieben in diesem Scherbenhaufen aus zerbrochenen Händen und Füßen intakt.

Mahram Bilqis ist übersät mit verbrannten Weihrauchstücken und Tierknochen – Relikten jahrhundertelang ausgeübter Tieropfer. Weswegen diese Stätte für lange Zeit als heilig angesehen wurde, bleibt ein Rätsel. Der Tempel wurde von nachfolgenden Invasoren viele Male wieder aufgebaut. Die Phillips-Geschwister entdeckten, dass der Bereich zwischen den inneren und äußeren Tempelmauern mit dem kulturellen Schutt aus einer Periode von 2000 Jahren – von 1500 v. Chr. bis 500 n. Chr. – aufgefüllt worden ist. Einige der

Tempelwände sind aus wiederverwendetem Material erbaut, etwa der gemeißelte Grabstein, den Merilyns Team entdeckte.

Der Weihrauch wurde auf vielen Routen durch Südarabien transportiert. Es begann mit dem Abschaben des Harzes in den Bergen des Oman und Jemen und endete auf den Märkten von Mesopotamien, Persien und Rom, wo man ihn mit Gold aufwog. Der Weihrauchhandel ähnelte ein wenig dem modernen Drogengeschäft, das auch von Schmugglern über Schleichpfade ausgeübt wird.

Von Marib aus teilte sich die Strecke rund um das Leere Viertel: Eine Route führte ins Hinterland der Küste am Roten Meer hinauf bis nach Petra und Palästina, während sich die östliche Strecke nordwärts in Richtung Qaryat al-Fau im heutigen Saudi-Arabien zog und von dort aus bis nach Mesopotamien reichte.

Qaryat al-Fau ist mittlerweile vollständig verlassen, wurde aber kürzlich von einem saudischen Team unter der Leitung von Professor A. R. al-Ansary von der Universität Riad ausgegraben. Dabei fand man einen Tempel, einen befestigten Marktplatz, ein Wohnviertel, einen Friedhof und ein Kanalsystem. Die Stadt hatte ihre Blütezeit vom 2. Jahrhundert v. Chr. bis ins 5. Jahrhundert n. Chr. Sie war, wie Marib, rich an Handelswaren aus dem Mittelmeer und fein gearbeiteten Artefakten aus Bronze und Glas. Al-Fau war bekannt als Königreich Kinda, das so reich und mächtig war, dass es sich sogar seine eigenen Silber- und Bronzemünzen leisten konnte, inklusive menschlicher Porträts und Inschriften. Ich flog bei einem Besuch dort über die Spitze der Klippe hinter al-Fau und entdeckte rätselhafte Steinreihen, die mit ihren kleinen, rechteckigen Spitzen auf den Rückseiten ein wenig wie steinerne Drachen aussahen. Dr. al-Ansary denkt, dass diese »Steindrachen« vielleicht astrologischen Zwecken gedient haben könnten, während andere meinen, dass damit Wüstengazellen und Strauße während der Jagd in die Enge getrieben wurden. Keiner weiß, wer diese Steine errichtete oder wozu sie dienten, aber an diesem kalten Wintermorgen erkannte ich im Vorüberfliegen, dass sie alle zur aufgehenden Sonne zeigten

Die natürlich befestigte Stadt Al Hajarayn, Jemen

Salzmine, Ayad, Jemen

Flugfeld eines verlassenen Lagers von Ölsuchern, Uruq al Mutaridah, Saudi-Arabien

 Aufgehender Vollmond, Umm as-Samin, Oman

Oben links: Beduinenlager, Wuday'ah, Jemen
Oben rechts: Neugeborenes Kamelfohlen, Wuday'ah, Jemen

 Beduinenlager, Uruq Bani Maarid, Saudi-Arabien

Nebenfluss des Wadi Hajarayn, Jemen

113 Palmenhain, Wadi Hadramaut, Jemen

Brennen von Kalksteinen zur Dachabdeckung, Wadi Hadramaut, Jemen

 Verlassene Wohntürme, Nadschran, Saudi-Arabien

»Meine Gefährten waren seit ihrer Geburt an dieses Leben gewöhnt gewesen, ich aber war damals zermürbt von langen Märschen durch windgepeitschte Dünen oder über Ebenen, deren Eintönigkeit die in der Hitze flimmernden Spiegelungen der Fata Morgana noch verstärkten.«

Wilfred Thesiger, *Die Brunnen der Wüste*

Kamelkarawane, Wadi Mitan, Oman

Sie erschienen wie eine Fata Morgana: Dreizehn arabische Oryxantilopen. Die größten und elegantesten Tiere des Leeren Viertels sind gleichzeitig auch die scheuesten. Im Profil betrachtet, erinnern sie an das sagenumwobene Einhorn. Die Oryxantilopen werden traditionell von den Beduinen gejagt, weswegen sie in den frühen 1970er Jahren durch die Jagd mit Autos und Gewehren fast ausgerottet wurden.

Eric Bedin, ein auf Wildtiere spezialisierter Biologe des *Saudi National Wildlife Research Centre*, zeigte mir das neu geschaffene Reservat des Uruq Bani Maarid. Vor unseren Augen breitete sich die größte Antilopenherde aus, die Eric jemals gesehen hatte. Wir saßen in seinem Jeep und näherten uns mit allergrößter Behutsamkeit. An diesem frühen Wintermorgen erschien uns das normalerweise weiße Fell der Oryx seltsam grau. Eric erklärte, dieser Eindruck entstehe durch eine besondere Methode dieser Tiere, sich an das extreme Klima anzupassen. Bei Kälte sträuben die Antilopen ihr Fell, das auf diese Weise besser wärmt. Außerdem können sie mit ihrer dunklen Haut die wärmenden Strahlen der Morgensonne einfangen.

Eric manövrierte uns vorsichtig auf nahezu 30 Meter an die Herde heran, was bei so unberechenbaren Wildtieren nicht einfach ist. Oryxantilopen gehören zu den wenigen Wüstenbewohnern, die nicht trinken müssen. Manchmal halten sie es jahrelang ohne Wasserr aus. Ihr Körper haushaltet äußerst effektiv mit dem kostbaren Nass. Ihnen genügt die in den verzehrten Pflanzen enthaltene Feuchtigkeit und gelegentliches Taulecken. Wenn die Sommerhitze in der *Rub al-Chali* das Thermometer auf Werte über 46 °C ansteigen lässt, bewegen sich die Oryx kaum noch und suchen Schutz im Schatten, wo sie ihre Körpertemperatur langsam auf 38 °C bis 41 °C ansteigen lassen. Auf diese Weise speichern sie die Hitze des Tages, die sie in den kalten Nächten wieder abgeben. Durch diese Anpassung der Körpertemperatur minimieren die Antilopen ihren Wasserverlust, denn mit einer konstanten Körpertemperatur würde sie sehr viel Wasser verlieren. Auch anatomisch sind Oryxantilopen gut an das Leben in der Wüste angepasst. Denn sie haben große Fußballen, die sie sicher durch den weiche Sabd tragen und dabei gut sichtbare Fußabdrücke hinterlassen.

1962 gab es nur noch wenige wild lebende arabische Oryxantilopen, und die Art war akut vom Aussterben bedroht. Deshalb wurde im Phoenix Zoo in Arizona eine Zuchtherde aus Wildtieren und in Gefangenschaft lebenden Tieren aus den privaten Sammlungen arabischer Königsfamilien zusammengestellt. 1982 konnten die ersten Tiere im Oman ausgewildert werden. 1995 folgte eine weitere Auswilderung in Uruq Bani Maarid. Als ich dort zu Besuch war, zog hier die weltweit einzige überlebensfähige Herde arabischer Oryxantilopen umher – ohne Schutzzäune oder von außen zugeführtes Futter oder Wasser. Es war ein Privileg, sie in diesem unwirtlichen Gebiet gedeihen zu sehen, in dem weniger als 50 Millimeter Regen pro Jahr fällt.

Sechs Jahre später besuchte ich ein neues Reservat in der südlichsten Ecke der Vereinigten Arabischen Emirate, wo die VAE, der Oman und Saudi-Arabien aufeinander stoßen. Die *Abu Dhabi Environment Agency* war gerade dabei, Oryxantilopen und Sandgazellen wieder in ihrem natürlichen Lebensraum auf der anderen Seite der Wüste von Bani Maarid anzusiedeln. Hier passten sich die Tiere im Schutz eines »Sicherheitsnetzes« von Futter- und Wasserstationen schrittweise wieder an ihren Lebensraum an. Es war ungewiss, ob diese Population auch ohne menschliche Hilfe würde überleben können, da neue Grenzzäune sie von ihren natürlichen Wanderrouten in die Schotterebenen des Oman oder in den saudischen Teil der Wüste abschnitten. Um in einer solch erbarmungslosen Umwelt existieren zu können, riechen die Oryxantilopen Regen und frisches Gras über Dutzende von Kilometern. Sie benötigen enorm große Wanderungsgebiete, um zwischen den spärlich bewachsenen Weideflächen umherziehen zu können.

Hier in dieser Gegend machte ich meinen letzten Flug über das Leere Viertel und konnte etwas Erstaunliches beobachten: Eine Herde wilder arabischer Oryxantilopen galoppierte über die riesigen Dünen aus ziegelrotem Sand. Ich wollte diese seltenen Tiere nicht stören, aber es war schwer, sich von diesem herrlichen Anblick abzuwenden. Irgendwie erfüllte er mich mit neuem Mut. Vielleicht können ja Mensch und Natur doch koexistieren und sogar in einer der härtesten Umgebungen gemeinsam überleben.

 Oben und gegenüber: Umm az-Zamul, VAE

Oben links: Ein Beduinenlager nahe Sanaw im Jemen, in dem eine der Mehri-Sprachen gesprochen wird.
Oben rechts: Beduinenlager, Uruq Bani Maarid, Saudi-Arabien

 Waschtag im Beduinenlager, Rumah, Jemen

Abenddämmerung über dem Beduinenlager, Rumah, Jemen

Oben links: Beduinenlager, Shabah, Jemen
Oben rechts: Henna-Tattoos, Old Marib, Jemen

Salzebene von Khawr Hamidan, Saudi-Arabien

 Süßwasserseen von Khawr Hamidan, Saudi-Arabien

Wandernde Sicheldünen, Ramlat Hazar, Jemen

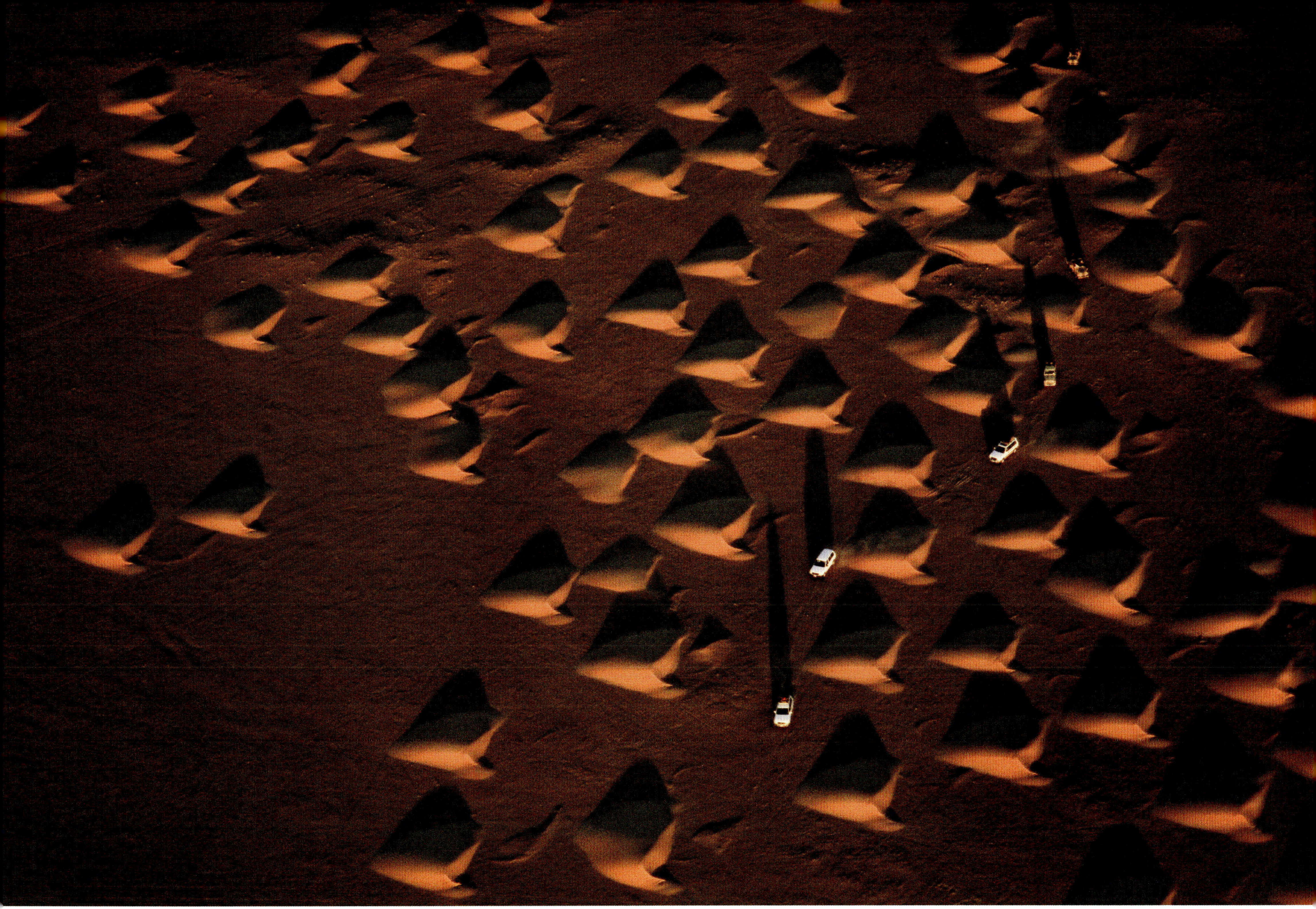

135 Überflug über ein Sicheldünenfeld, Ramlat Mitan, Oman

»Bislang waren die Sande öde und uninteressant gewesen,
hier aber waren die Dünen herrlich goldrot.
Trotz Hunger, Durst und Müdigkeit genoß ich
die schönen Farben und Formen.«

Wilfred Thesiger, *Die Brunnen der Wüste*

Rechte Seite: Ramlat Butabul, Oman

SHIBAM

Von oben betrachtet sieht Shibam aus wie ein kleines Nagelbett aus Keramik. Auch bekannt als mittelalterliches »Manhattan Arabiens«, verdankt es seinen Ruhm dem größten Bestand an historischen Lehmgebäuden weltweit. Es ist auch das letzte noch existierende Beispiel einer Stadtarchitektur, wie sie einst im ganzen jemenitischen Teil des Leeren Viertels vorherrschte. Shibam liegt auf einem niedrigen Hügel an der Südseite des Hadramaut-Tals, und seine 500 schmalen Turmhäuser ragen zwischen sechs und acht Stockwerken in die Höhe – ohne Beton oder Baustahl, ein Wunderwerk traditioneller Baukunst.

Auf dem Weg durch die Straßenschluchten erscheint die Stadt dem Besucher trügerisch ruhig und verlassen. In dem staubigen Labyrinth aus engen Gassen innerhalb der Stadtmauern waren Eindringlinge von oben leicht angreifbar, denn über den Straßen springen abgeschirmte Fenster hervor, von denen aus man alles beobachten konnte, ohne selbst gesehen zu werden. Abflussrohre ragen aus den Küchen- und Toilettenwänden der oberen Stockwerke, so als ob sich daraus jederzeit Unrat über ahnungslose Eindringlinge entleeren wollte. Die tiefen Schluchten zwischen den Gebäuden halten die Stadt kühl, da die Fassaden benachbarter Häuser auf diese Weise vor der Sonne geschützt werden.

Die Wände aus ungebrannten Ziegeln sitzen direkt auf einem Steinfundament und neigen sich auf allen Seiten mit zunehmender Höhe leicht nach innen. Auch wenn jeder Wohnturm einzigartig ist, so folgen sie doch dem gleichen Grundprinzip. Im Erdgeschoss werden trockene Waren gelagert und im ersten Stock kleine Tiere wie Ziegen und Hühner gehalten. Das zweite Stockwerk dient dem Empfang männlicher Gäste, die dritte und vierte Etage sind für die Frauen und Kinder, und die obersten für die jugendlichen Familienmitglieder. Einmal wurde ich in die höchsten Stockwerke eines solchen Wohnturms eingeladen: Ich fühlte, wie sich der Boden aus Gips, Lehm und Palmenstämmen unter meinen Füßen bog, als ob ich auf einem fragilen, antiken Holzfußboden liefe. Viele dieser Gebäude ragen sieben oder acht Stockwerke hoch über die Straßen, und alle weisen Dachterrassen auf, auf denen die Wäsche trocknet und auf denen man in heißen Sommernächten schläft. Zum Schutz vor den seltenen, aber heftigen Monsunschauern sind Dächer und die Außenwände mit Kalkgips, der mit Asche vermischt wird, gestrichen. Zudem müssen sie ständig ausgebessert werden.

Es gibt Hinweise, dass die Stadt bereits im 2. Jahrhundert v. Chr. existierte, aber sie wurde in Kriegen und durch Fluten so oft zerstört, dass die meisten der heute noch sichtbaren Gebäude um die 500 Jahre alt sind.

Die Stadt war vor 30 Jahren fast verfallen, da die meisten erwerbsfähigen Männer des Hadramaut-Tals damals zum Arbeiten in die ölreichen Länder am Persischen Golf zogen. Aufgrund der langen Abwesenheit wurden viele der Lehmhäuser in Shibam vernachlässigt. Sie fingen an, sich zu zersetzen, ausgelöst meistens von undichten Rohren in den oben gelegenen Bädern. 1982 wurde Shibam von der UNESCO zum Weltkulturerbe erklärt. Seit 2000 arbeitet ein jemenitisch-deutsches Kooperationsprogramm daran, die Häuser zu erhalten, die Infrastruktur zu verbessern, der Stadt langsam wieder zu altem Glanz zu verhelfen und gleichzeitig die Bewohner zum Bleiben zu bewegen.

Auf meinem ersten Flug über Shibam versuchte ich eine Stunde lang, Schönheit und Struktur der Stadt aus dem richtigen Winkel zu erwischen. Ich wagte mich sogar über das Stadtzentrum. Donovan Webster, der Autor, der mich für *National Geographic* begleitete, war zu dieser Zeit in Shibam und beschrieb das Chaos, das ausbrach, als ein Strom aus Kindern von einer Seite der Stadt zur anderen rannte, um von den engen Gassen aus einen Blick auf meinen grellen, pinkfarbenen Gleitschirm zu erhaschen. In 120 Meter Höhe bemerkte ich das alles nicht, da ich vollauf mit der Frage beschäftigt war, wo ich landen sollte, falls mein Motor ausfiele.

Als wir in dieser Nacht in unsere Unterkunft zurückkehrten, erfuhr ich zu meiner Verwunderung, dass die Polizei von Shibam nach mir suchte. Wegen all der Aufregung und Verwirrung waren die Behörden sehr ungehalten, obwohl ich sie auf meinen bevorstehenden Flug hingewiesen hatte. Allerdings hatte ich nicht genau gesagt, wann ich starten würde. Es schien, als hätte Bertram Thomas ein weiteres Mal Recht gehabt: Es ist wesentlich einfacher, Verzeihung zu erlangen, als eine Genehmigung. Und manchmal ist selbst eine Erlaubnis nicht genug.

 Tropfbewässerung, Liwa, VAE

 Traditionelle Behausung, Wadi Shihan, Oman

Araber-Pferde der Familie al-Haider, Nadschran, Saudi-Arabien

 Waffenhändler in Marib, Jemen

 Moderne Wohnungen in Nadschran, Saudi-Arabien

 Emara-Palast, Nadschran, Saudi-Arabien

Nekropole aus der Bronzezeit, Alam al-Abyad, Jemen

 Rückkehr von einer Beerdigung, Shibam, Jemen

Frauen bei der Futterernte, Wadi Hadramaut, Jemen

157 Frauen auf dem Weg zu den Feldern, Wadi Hadramaut, Jemen

»Das Eindringen westlicher Maschinen in diese jungfräuliche Stille erscheint irgendwie unpassend und rücksichtslos. Ein Gefühl, das man allerdings nicht mit dem Nervenkitzel des Unbekannten verwechseln sollte.«

Bertram Thomas, *Arabia Felix*

Neu angelegte Straße mit Windschutz nahe Al Quaa, VAE

KAMEL-SCHÖNHEITEN

Wir hatten Sayed eine Stunde nördlich von der Oase Liwa entfernt getroffen, im noblen Ambiente bei der ersten unter den jährlichen Kamelausstellungen Abu Dhabis – der arabischen Version einer Pferdeschau. Hier konnten die Stadtbewohner zu ihren Traditionen zurückkehren und wieder Sand in den Sandalen spüren. Und ich selbst erfuhr hier, was das moderne Arabien noch mit seiner nomadischen Vergangenheit verbindet. Rund 10 000 Kamele waren angemeldet. Um Zuschauer anzuziehen, stiftete Abu Dhabis Herrscherfamilie 150 neue Land Cruiser und Range Rover für die Besitzer der preisgekrönten Tiere sowie 35 Millionen Dirham (circa 7,25 Millionen Euro) als Preisgeld. Sayed wurde schnell unser Führer und Informant, da er als einziger unter den mehreren Hundert Zuschauern Englisch sprach. Wir dagegen waren die einzigen, die kein weißes, wallendes Gewand trugen. Mein Freund François und ich beschwerten uns darüber, dass alle Hotels in einem Umkreis von 150 Kilometern restlos ausgebucht waren, woraufhin uns Sayed freundlicherweise zum Abendessen in sein Lager einlud. Er zeigte auf eine Zeltansammlung im Süden, und zwei Stunden später rasten wir in der zunehmenden Dunkelheit durch die Dünen direkt auf das am hellsten erleuchtete Zelt in der Umgebung zu.

Wir landeten bei etwas, das aussah wie der Parkplatz eines Gebrauchtwagenhändlers für goldverzierte Toyota Land Cruiser, mit einem großen roten Teppich und einer Feuergrube in der Mitte. Scheich Khaled bin Ternaf Al-Minhali, ein kleiner und charismatischer Mann, kam uns durch sein mit Teppichen ausgelegtes Reich – trotz seiner maßgefertigten Krücke, die er wegen seines verkümmerten rechten Beines benötigte – rasch entgegen und begrüßte uns herzlich. Niemand hier kannte Sayed, und offenbar waren wir beim falschen Zelt gelandet, aber der unwiderstehliche Charme von Scheich Khaled bewog uns zum Bleiben.

Die Bewohner des Zeltlagers gehörten zum Bani-Yas-Klan, der sich seit Jahrhunderten jeden Winter in der Oase von Liwa am Rand des Leeren Viertels mehr schlecht als recht durchschlug und die Sommer über im Arabischen Golf nach Perlen tauchte. Bis 1958 Öl entdeckt wurde, hatten sie ein hartes Leben geführt. Nun waren sie alle in identische, blendend weiße Roben, rotkarierte *ghutras* und einfache Sandalen gekleidet und saßen unter einem Firmament aus elektrischem Licht im Freien vor dem Fernsehgerät.

Scheich Khaled gehörte die größte Toyota-Vertretung in Abu Dhabi, außerdem besaß er riesige Anteile an Transportunternehmen und an Immobilien. Eine Woche vorher hatte Scheich Khaled eine der größeren Dünen in der Nähe der Vorführplätze für sein Lager planieren und drei Wohnwagen für seine Entourage, zwei riesige Zelte – eines zum Schattenspenden und eines zum Dinieren – sowie einen Dieselgenerator für die abendliche Unterhaltung herbeischaffen lassen. Während unseres Besuchs dort kamen und gingen zahllose Gäste, aber als die einzigen Fremden bei der Kamelschau standen François und ich offenbar im Mittelpunkt. Nach etlichen Runden mit Tee, grünem Kaffee und einer großen Schale schäumender, frischer Kamelmilch erzählte ich, dass François und ich nach Abu Dhabi gekommen waren, um dessen Teil des Leeren Viertels zu fotografieren. Ich fragte, ob man einige Wüstenfotos von meinen vorherigen Reisen in den Oman, den Jemen und nach Saudi-Arabien sehen wolle. In der arabischen Welt begegnet man Fotografien mit Misstrauen, aber hier war die Sache anders. Bald scharten sich um die 20 Mann um meinen Laptop, löcherten mich mit Fragen und brachten ihre Anerkennung zum Ausdruck. Ich selbst war beeindruckt von ihrem reichen Wissen aus erster Hand über die entlegensten Regionen des Leeren Viertels, sogar über die Teile, die in anderen Ländern lagen. Besonders große Aufregung herrschte bei Fotos, die Beduinenfrauen zeigten, insbesondere solche ohne Schleier – ein seltener Anblick in diesem Teil Arabiens.

Bald wurden wir in das Speisezelt eingeladen, wo zwei Kamelfohlen im Ganzen zubereitet und dann auf riesigen Reisplatten angerichtet worden waren. Über ein Dutzend Männer scharte sich um die größte Platte auf dem mit Teppichen ausgelegten Boden und verspeisten die Kamele mit ihrer bloßen rechten Hand. Aus dem gebratenen Kamelhöcker ragte ein langes Messer, und einer unserer Gastgeber schnitt damit die feinsten Stücke des Kamelfleischs für François und mich heraus. Nach dem Essen wurde getanzt:

Junge Männer wirbelten, umringt von ihrem singenden und klatschenden Klan, im Kreis herum. Weit nach Mitternacht rollten wir im Versammlungszelt unsere Schlafsäcke aus, um ein wenig Schlaf zu bekommen.

Am nächsten Morgen zeigte man uns Scheich Khaleds Viehbestände: Wir sahen seiner Herde beim Paaren und Säugen zu und erlebten, wie ein Kamel im Schatten eines Wasserwagens geboren wurde. Scheich Khaled erzählte uns stolz, dass man ihm am Tag davor 1,3 Millionen US-Dollar für eines seiner Kamele geboten, er aber abgelehnt hatte.

Kamele waren in der arabischen Welt lange Zeit ein Maßstab für den Reichtum eines Mannes, und Scheich Khaled war ein erfolgreicher Geschäftsmann in Abu Dhabi, das auf der Welle des Ölreichtums – zu dieser Zeit lag der Preis für Rohöl bei 110 US-Dollar pro Barrel – mitschwamm. 2008 förderten die Vereinigten Arabischen Emirate, in denen nur 900 000 Menschen leben, 2,6 Millionen Barrel Rohöl pro Tag, während Saudi-Arabien mit einer Bevölkerungszahl von 22 Millionen täglich 9,2 Millionen Barrel förderte. Somit lag das Pro-Kopf-Einkommen aus dem Ölgeschäft in den Vereinigten Arabischen Emiraten rund siebenmal höher als in Saudi-Arabien.

Am Nachmittag kehrten wir zur Kamelschau zurück, die aber ohne Arabischkenntnisse nur schwer zu verstehen war. Die Zuschauer ließen sich in kopierten Louis-XIV-Stühlen mit roter Samtpolsterung und vergoldetem Holz nieder und betrachteten die Kamele, wenn auf den 40-Zoll-Flachbildschirmen der Fernsehgeräte nicht gerade die Meldung »Kein Signal« aufflackerte. Jeweils sechs Kamele wurden gleichzeitig vorgeführt und nach der Ausprägung ihrer charakteristischen Rassemerkmale, der Fülle ihres Höckers, dem Schnitt ihres Gesichtes und dem Hängen ihrer Lippe beurteilt. Die Zuschauermenge schien bis zur Endrunde, in der die Gewinner bekanntgegeben wurden, ein wenig lustlos. Danach aber wurde gesungen und getanzt. Ich sah mich nach Scheich Khaled um, aber er war nicht an seinem Ausstellungsstand. Vermutlich war die Kamelschau für ihn nur ein Nebenkriegsschauplatz. Denn mit so einem florierenden Automobilhandel gab es natürlich eine Menge zu tun.

Oben links: Gegrilltes Kamel im Lager von Scheich Khaled, Madinat Zayed, VAE
Oben rechts: Abendgebet im Lager von Scheich Khaled, Madinat Zayed, VAE

 Scheich Khaled auf einer Tribüne, Madinat Zayed, VAE

Kamelfohlen im Gehege von Scheich Khaled, Madinat Zayed, VAE
Rechte Seite: Lager der Kandidaten des Schönheitswettbewerbes für Kamele, Madinat Zayed, VAE
Folgende Seiten: Vorbeiziehende Kamele aus den Vereinigten Arabischen Emiraten, Shaybah, Saudi-Arabien

Abreise von der Kamelschau, Madinat Zayed, VAE

 Wadi Shihan, Jemen

Mohammed Hamad Al-Mari trainiert seinen Falken, Jabrin, Saudi-Arabien

173 Ein Kamel, das zum Schlachten verladen wird, Al-Khamasin, Saudi-Arabien

Oben links und rechts: Behinderte Kinder in einem Beduinenlager, Wuday'ah, Saudi-Arabien

Tauben in einem Beduinenlager, Wuday'ah, Saudi-Arabien

Verlassene, kaputte Zapfsäulen, Al-Fau, Saudi-Arabien

Futterlaster an einer Tankstelle, Al-Fau, Saudi-Arabien

Felsenkunst in Bir Hima, Saudi-Arabien
Rechte Seite: Punktförmige Sicheldünen, Ramlat Hazar, Jemen
Folgende Seiten: Alain Arnoux nach der Landung auf einer Seifdüne, Ramlat Butabul, Oman

SATELLITEN

Während ich mich auf die Erkundung des Leeren Viertels vorbereitete, interessierte ich mich besonders für die Frage, welche Teile der Wüste für den Luftbildfotografen am ergiebigsten sein mochten. Ich hatte über einen Versuch im Jahr 1990 gelesen, die verlorene Stadt Ubar – das so genannte »Atlantis der Wüste« – im heutigen Oman zu finden. Ubar war eine Hochlandregion, die das Leere Viertel von der Küste trennte, und das weltweit größte Erzeugerland von Weihrauch zwischen 2800 v. Chr. bis 300 n. Chr. Während dieser Zeit trugen Kamelkarawanen das aromatische Harz bis nach Persien und Rom, wo es mit Gold aufgewogen wurde. Nach dem Koran zerstörte Allah Ubar mit einer Katastrophe, und Archäologen suchten seit Jahrzehnten nach dessen Handelszentren. Ron Blom, ein Wissenschaftler am Jet Propulsion Laboratory der NASA in Kalifornien, hatte Satellitenbilder nach alten Spuren von Karawanenrouten durchsucht, da er hoffte, diese Spuren würden zum verschwundenen Ubar führen.

Die Landsat-Thematic-Mapper-Satellitenbilder, die Ron verwendete, stammten zwar bereits aus dem Jahr 1984 und hatten nur eine Auflösung von einem Pixel pro 30 Quadratkilometer, aber dafür verzeichneten sie sowohl sichtbare als auch thermische Spuren von Infrarotstrahlung, die spätere Satellitensysteme mit einer wesentlich höheren Auflösung nicht mehr abbilden. Der Hauptvorteil der Landsat-TM-Daten ist, dass sie Bildinformationen im reflektierten Infrarotbereich sammeln, einer etwas längeren, für uns nicht sichtbaren Wellenlänge des Lichtes, in der Felsen und die Erdoberfläche in schärferen Kontrasten hervortreten. Um den Nachteil der geringen Auflösung auszugleichen, wurden die Landsat-TM-Daten mit Aufnahmen der französischen SPOT-Satelliten in einer Auflösung von einem Pixel pro neun Quadratkilometer kombiniert. So fanden Ron und sein Kollege Bob Crippen die Spuren von Kamelkarawanen, die vor über 2000 Jahren das Leere Viertel durchkreuzt hatten. »Dein Auge ist darauf abgestimmt, den Unterschied zwischen Blut und Blättern zu erkennen«, erklärte Ron, »und die Landsat-TM-Daten werden dazu verwendet, zwischen Felsen und Erde zu unterscheiden.« Ron markierte die verschiedenen Lichtwellenlängen der Landsat-TM-Bilder der gesamten südöstlichen Ecke der Wüste farbig. Hier war der Weihrauchhandel entlang von Karawanenrouten verlaufen. Die so entstandenen Muster waren wunderschön und faszinierend zugleich, dennoch wusste ich nicht, wie sie in Wirklichkeit auf dem Boden oder aus der Luft von meinem Gleitschirm aus aussehen würden. Aber dies ist die Methode, die bei der Betrachtung der abgelegenen Teile des Leeren Viertels am meisten enthüllt. Rot steht für Kalkstein, Gips oder Vegetation, Gelb gewöhnlich für Sand, und Blau zeigt oxidierte Eisenmineralien (Rost) oder ehemals landwirtschaftlich genutzten Boden an.

Die Dünenmuster, die Rons Analyse enthüllt hatte, waren großartig und zeigten mir, wo ich die außergewöhnlichsten finden konnte. Spätnachts arbeitete ich mich auf meinem Computer methodisch durch die enorm großen Dateien und suchte nach interessanten Landschaften. Es kam mir so vor, als ob ich mit einem Vergrößerungsglas auf einem riesigen Teppich herumkröche. Vor meiner Abreise nach Saudi-Arabien druckte ich die meistversprechenden Sektionen aus und notierte mir Längen- und Breitengrad der Gegenden, die mich am meisten interessierten. Draußen über dem Gelände konnte ich dann die markierten Linien auf den Satellitenbildern mit dem Landschaftsrelief unter mir vergleichen und machte so einige erstaunliche Entdeckungen.

Eine der größten Enttäuschungen war das riesige Delta des Wadi Fasad nahe Shisur im Oman. Auf Rons Satellitenbildern sah es aus, als ob einer der größeren Flüsse, die aus den omanischen Bergen an der Küste kommen, eine Kette smaragdgrüner Seen zwischen den Dünen geschaffen hätte. Aber nach zwei vollen Tagen auf der Suche fanden wir nichts als alte Lehmflächen, die mit farblosem Sand bedeckt waren.

Eine Woche später erkundeten wir das Delta des Wadi Hazar im Jemen, als ich Ketten kleiner, punktförmiger Dünen mit seltsamen, winzigen Schwänzen entdeckte. Sie waren sehr zierlich und mit einer Auflösung von einem Pixel pro 30 Quadratkilometer kaum auszumachen. Wir erreichten die Ebene im Dunkeln und erwarteten nicht viel, aber als ich bei Sonnenaufgang abhob, erblickte ich unwirkliche Sicheldünen, die aussahen wie die Ausläufer riesiger Quallendünen. Ich habe nie zuvor oder danach etwas Derartiges gesehen.

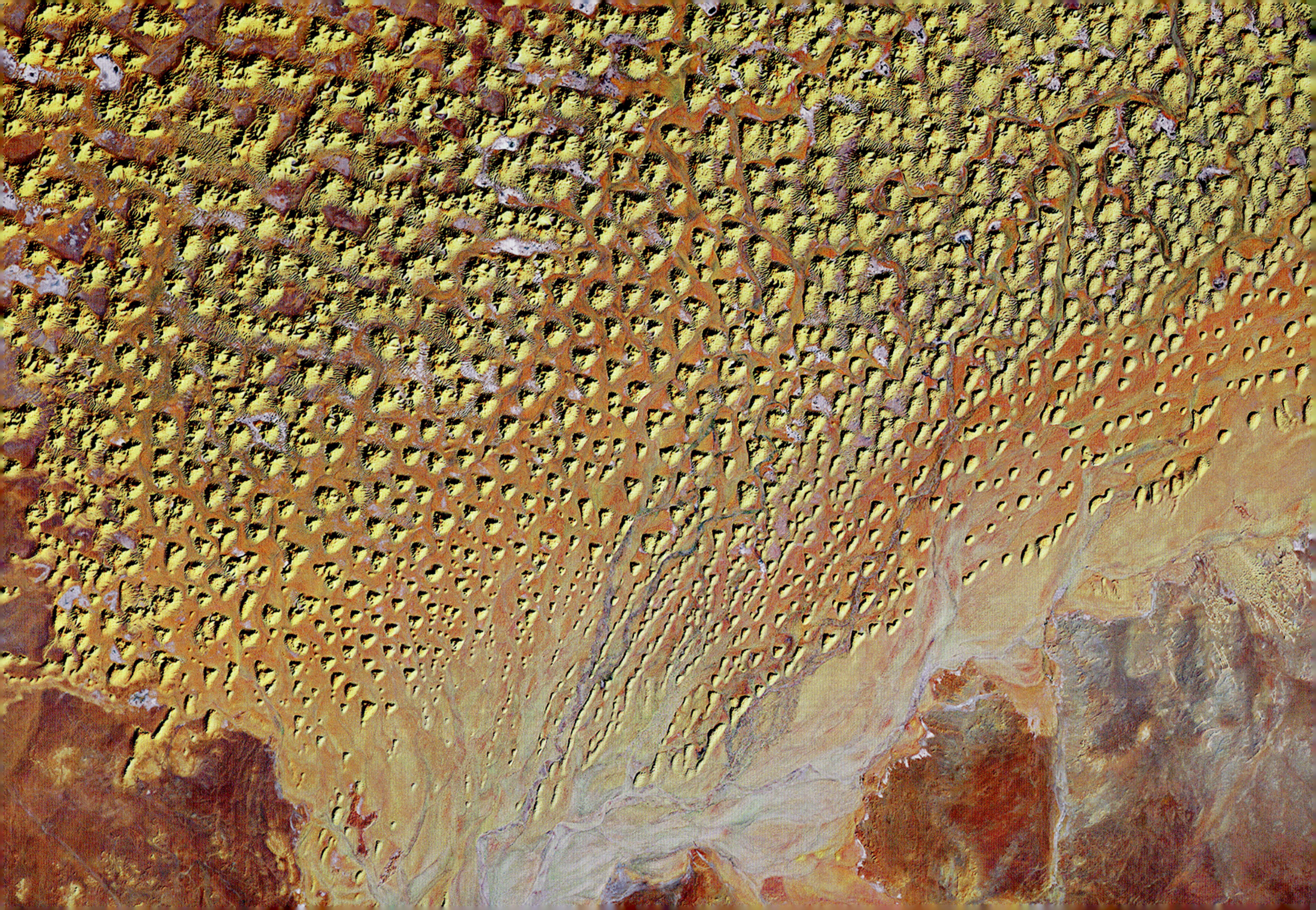

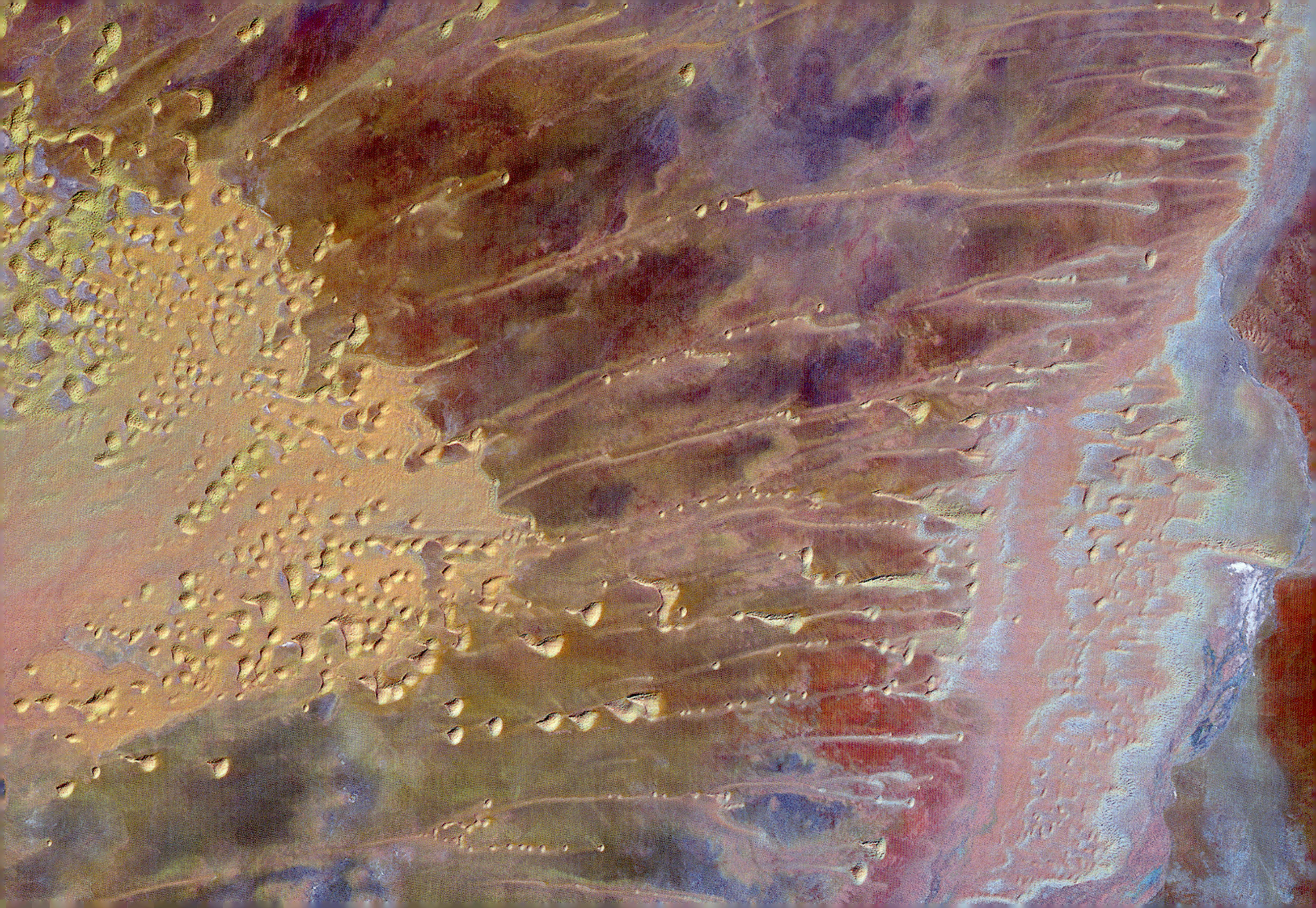

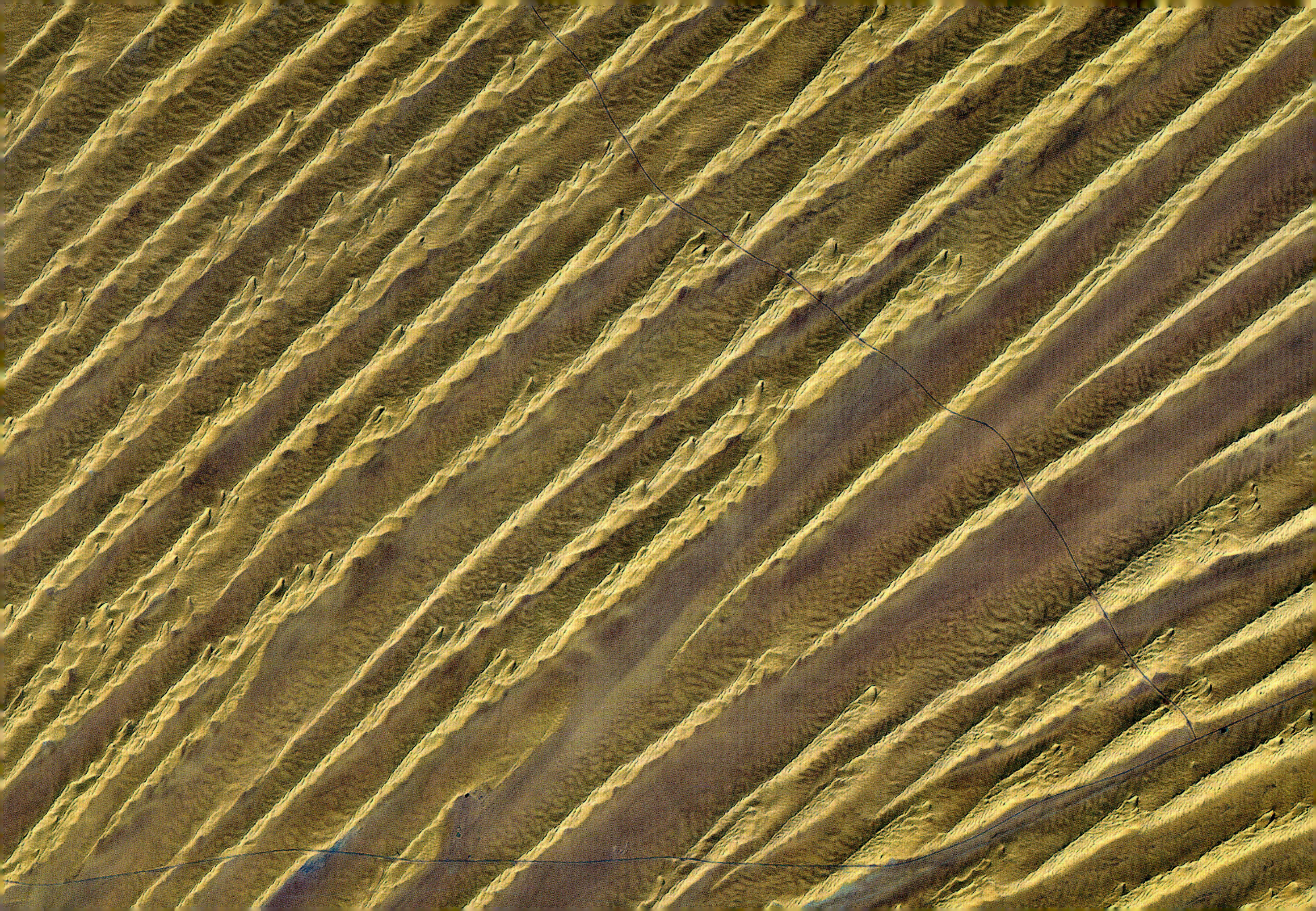

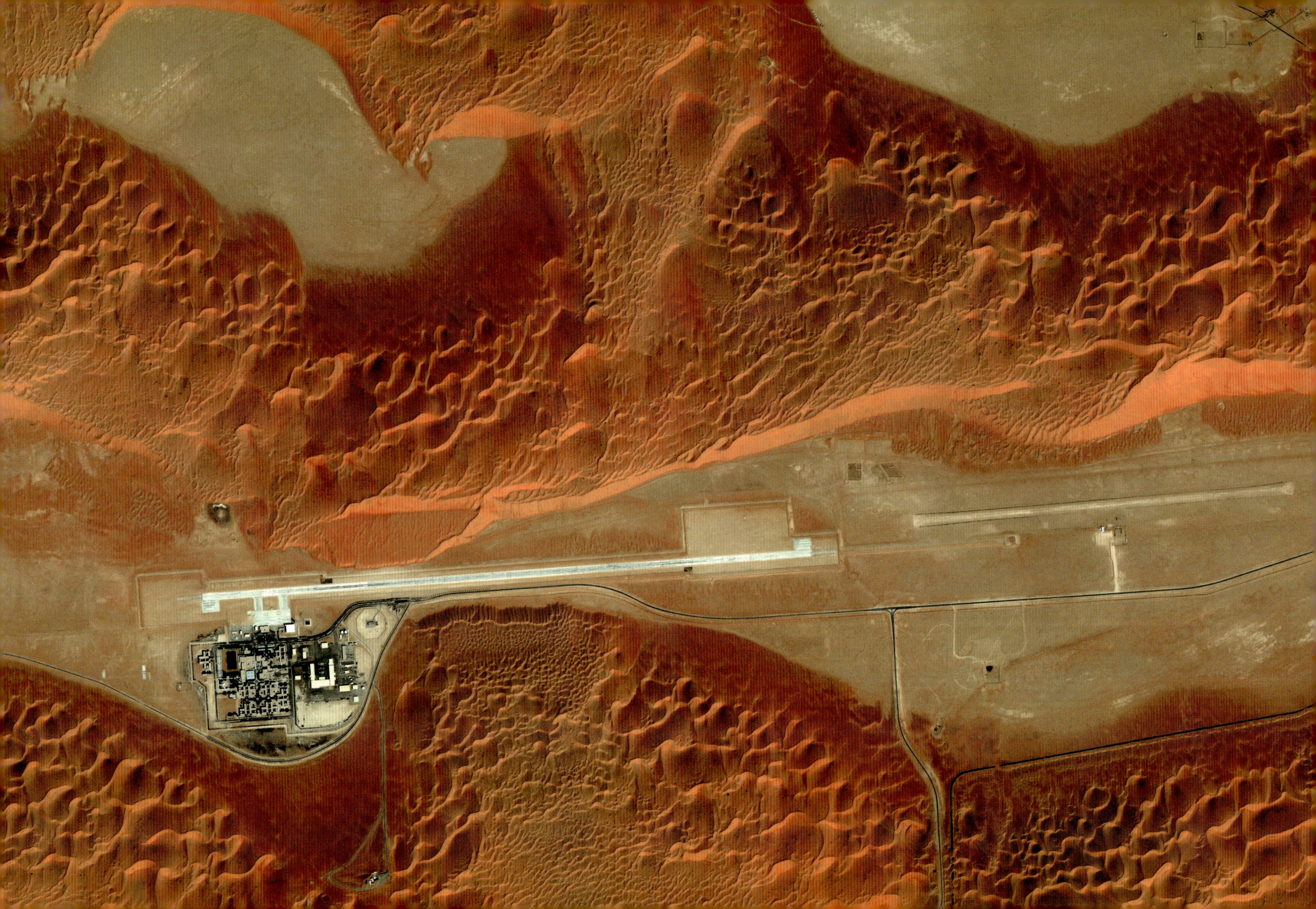

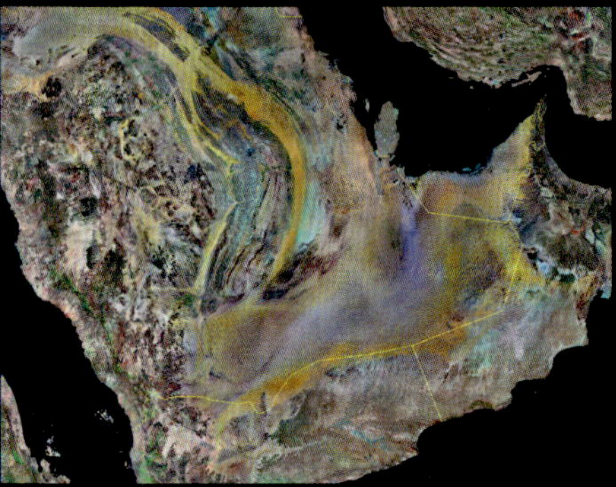

MOSAIK DER ARABISCHEN HALBINSEL, AUFGENOMMEN VON LANDSAT 7

Dieses Mosaik aus Satellitenbildern der neuesten Generation von Bildern des Landsat 7 ETM+ zeigt die Sandbewegungen der arabischen Halbinsel in Falschfarben. Das Leere Viertel wird geformt von starken saisonalen Schamal-Winden, die den Sand aus dem Norden über den Ad-Dahna-Sandgürtel bis zur Küste des Persischen bzw. Arabischen Golfs transportieren. Im Südteil des Leeren Viertels bilden diese rechtsdrehenden Winde eine der längsten Dünenketten der Welt. Und wo sie auf die Gebirgsebenen des Oman und Jemen treffen, schaffen sie ein riesiges Labyrinth aus Sichel- und Sterndünen.

MARIB, JEMEN

Die Ruinenstadt Marib ist als kleiner, orangefarbener Buckel in der Mitte des Satellitenbilds zu erkennen, direkt neben dem lila gefärbten Flussbett des Wadi Dahna. In der linken unteren Ecke kann man sehen, wo das Wadi im 8. Jahrhundert v. Chr. eingedämmt wurde. Durch dieses revolutionäre Bewässerungsprojekt entstand eine der größten Frühkulturen in Arabien: Saba, das Land der legendären Königin. Die blauen Flächen auf dem Bild zeigen das vor langer Zeit durch den Kanal bewässerte Erdreich. Der Damm brach viele Male und wurde ebenso oft repariert. Im 6. Jahrhundert n. Chr. aber wurde er so schwer beschädigt, dass die Bewohner dieser Gegend sich in alle Winde verstreuten. Flächen mit moderner Bewässerung erscheinen auf dem Foto grün.

PUNKTDÜNEN IN RAMLAT FASAD, OMAN

Wind aus verschiedenen Richtungen schuf dieses Feld aus Sterndünen in Ramlat Fasad nahe der südlichen Ecke des Leeren Viertels im Oman. Dieses Dünenfeld liegt am Ende eines Deltas, das nach schweren Monsunregen in den Bergen gelegentlich geflutet wird. Auf dem Satellitenbild erscheinen die Sterndünen gelb, der feinkörnige, schlammige Sand orange und die darunterliegende mineralisierte Lehmschicht weiß und blau.

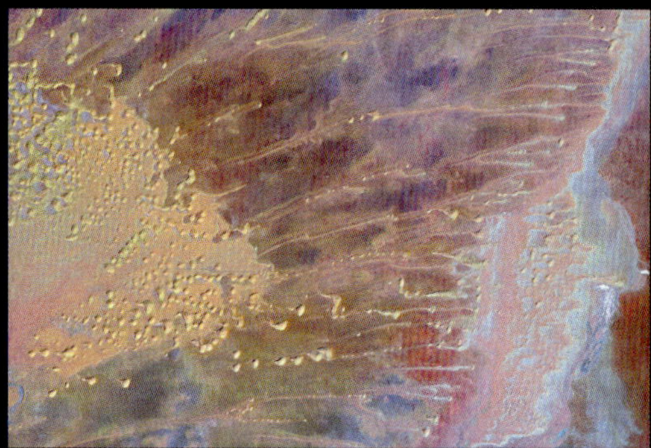

SICHELDÜNEN IN RAMLAT HAZAR, JEMEN

Sicheldünen sind meist halbmondförmig, aber jene in Ramlat Hazar sind starken Wechselwinden ausgesetzt, die die gewundenen Dünenspitzen auf ihrer Wanderung durch die Sandebene des Ostjemen verwehen. Starke Böen haben den Sand von den Gipfeln der Mutterdünen geblasen und dafür weiter westlich kleine Sicheldünen entstehen lassen. Die Dünen erscheinen auf dem Bild gelb, die *sabchas* (salzverkrustete Schlammflächen) hellblau.

WADI DAWAN, JEMEN

Al Hadscharayn liegt auf einer Insel aus Sandstein in der Mitte des Wadi Dawan, einem Nebenfluss des Wadi Hadramaut (*wadi* bedeutet »ausgetrocknetes Flussbett«). Die Gegend besteht aus einem vom Monsunregen durchfurchten Plateau aus hartem marinem Kalk- und Sandstein. Der Grund der Felsschluchten ist fruchtbar mit aus Quellen gespeisten Gärten. Dörfer sitzen auf den Berghängen, die sie gegen Feinde und die Fluten schützen. Die Täler werden für die Landwirtschaft genutzt. Das mit Schotter überzogene Sandsteinplateau erscheint auf dem Satellitenbild rot, die lehmige Erde in den Tälern hellblau und die Gärten hellgrün.

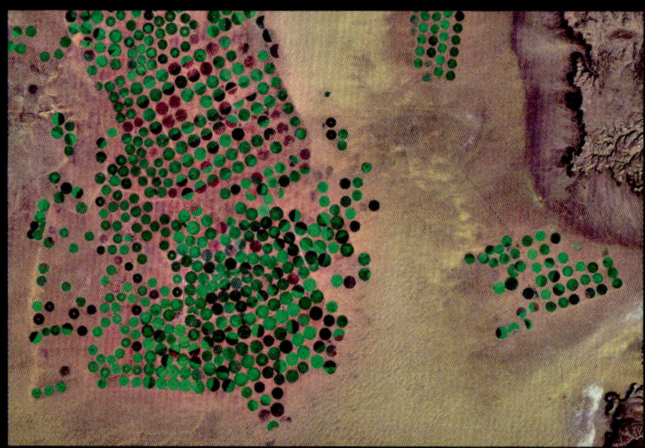

KREISBEREGNUNG IM WADI DAWASIR, SAUDI-ARABIEN

Kilometerbreite grüne Luzernen-Kreise werden aus mittig platzierten Brunnen bewässert, die fossile Wasserreservoirs aus der letzten Eiszeit anzapfen, als das Leere Viertel ein üppiges Grasland mit Seen und einer reichen Fauna war. Beim derzeitigen Wasserverbrauch von 350 Liter pro Quadratmeter wird es diese grünen Zirkel nur noch 20 Jahre geben. Dann ist das fossile Wasser verbraucht. Außerdem werden durch die exzessive Förderung unterirdische Höhlen verschüttet und Felsporen zusammengedrückt, sodass sich diese Wasserschichten nie wieder neu füllen können.

URUQ-DÜNEN DES SHAQQAT AL KHARTTAH, SAUDI-ARABIEN

Uruq- oder »Ader«-Dünen erstrecken sich hunderte von Kilometern weit durch den südwestlichen Teil des Leeren Viertels. Sie entstehen durch starke Winde mit einer leichten saisonalen Abweichung. Fast sieht es so aus, als hätte ein Riese den Sand gerecht. Saudi-Arabien baute die Straße, die sich durch die Dünen schlängelt, um den Militärstützpunkt in Sharurah zu versorgen und die saudische Kontrolle über diese entlegene Ecke des Königreiches sicherzustellen. Die Straße wird permanent von Fremdarbeitern mit Schaufeln und Besen vom Sand befreit.

HADRAMAUT-TAL, JEMEN

Der harte Kalkstein und das Schotterplateau aus Sandstein im südlichen Jemen erscheinen auf dem Satellitenbild tiefrot, die 300 Meter tiefen Täler dagegen als Mosaik aus Sand und bebauten Flächen in Gelb und Grün. Diese Gegend war jahrtausendelang eine der fruchtbarsten in der arabischen Wüste. Schwere Hochwasser und die Erosion durch die Monsunregen gestalteten die zerklüftete Landschaft, die an die roten Felsen in Amerikas Südwesten erinnert. Im Hadramaut-Tal gibt es saftig grüne Palmenhaine und üppige Felder.

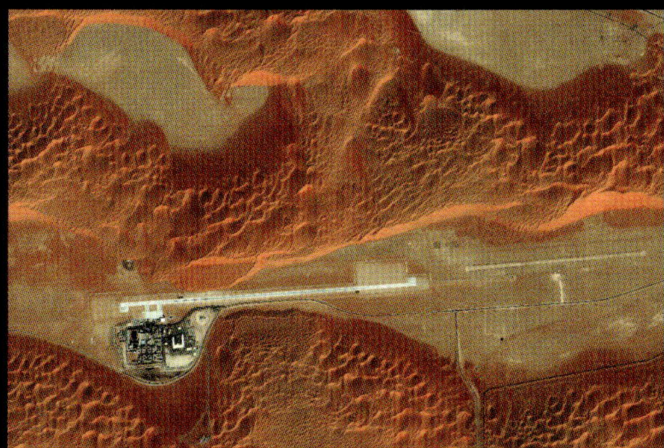

SHAYBAH-FLUGFELD UND WOHNKOMPLEX, SAUDI-ARABIEN

Shaybah, Saudi-Arabiens Vorzeige-Ölfeld, liegt mitten im schönsten, aber auch extremsten Teil des Leeren Viertels. Das Ölfeld wurde 1968 entdeckt, aber 30 Jahre lang nicht erschlossen, bis die technischen Fortschritte in der Horizontalbohrtechnik eine wirtschaftliche Ausbeutung der Vorkommen ermöglichten. Da die Anlage über 300 Kilometer von der nächsten saudischen Stadt entfernt liegt, gibt es in Shaybah auch einen Wohnkomplex, eine drei Kilometer lange Jetlandebahn und drei Gasabscheider. Alles wurde in weniger als drei Jahren für circa 2,5 Milliarden US-Dollar erbaut, um ein Öllager von geschätzten 19 Milliarden Barrel anzuzapfen.

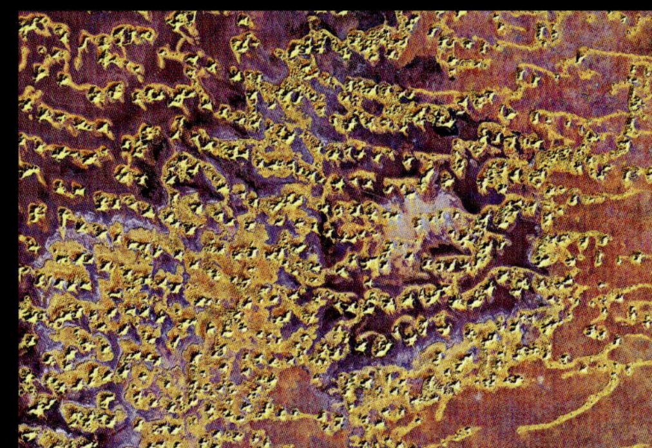

KHAWR HAMIDAN, SAUDI-ARABIEN

Die 150 Meter hohen Sterndünen und der Flugsand erscheinen auf dieser eingefärbten Satellitenaufnahme des Uruq als Mutaridah in Gelb und das *sabcha* in Lila. Das lila umrandete hellblaue Muster in der rechten Mitte des Fotos zeigt die natürliche Khawr-Hamidanthe-Quelle – die einzige natürliche Quelle mit trinkbarem Wasser, die ich im Leeren Viertel gefunden habe. Die helle Farbe des Bodens um die Quelle herum hängt mit den Mineralien zusammen, die sich bei der Verdunstung des Wassers in der immensen Hitze der heißesten Region der Welt niederschlagen.

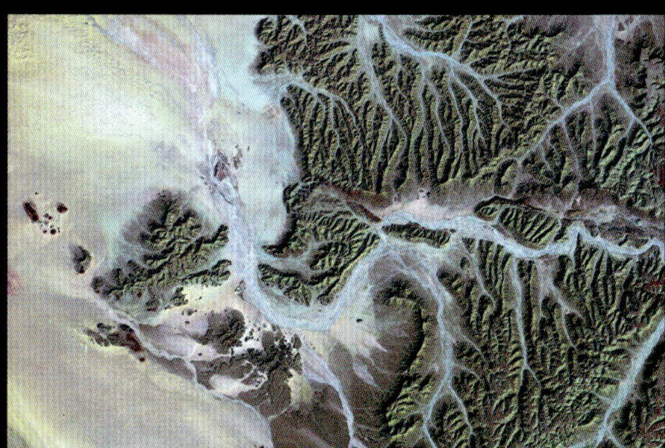

BEWÄSSERTE FELDER, SHABWAH, JEMEN

Shabwah war einst die Hauptstadt des jemenitischen Teils des Leeren Viertels und profitierte von den vorbeiziehenden Weihrauchkarawanen. Wie Marib musste die Stadt saisonal vorhandenes Hochwasser zur Bewässerung der Felder nutzen, aber die meisten Felder um Shabwah werden seit 2000 Jahren nicht mehr bebaut. Auf den Landsat-TM-Aufnahmen erscheinen die gipshaltigen Böden aus der Frühzeit in hellem Blau und die Ruinen der antiken Stadt als graues Trapez in der linken Mitte des Fotos. Die Bewässerung mit mineralhaltigem Wasser über mehrere Jahrhunderte hinweg machte die Erde zunehmend unfruchtbar.

Mohammed Banounah (rechts)

Prinz Sultan bin Salman und Tariq Alireza

Fotobetrachtung in Scheich Khaleds Lager

Uwe George betrachtet Meteoritenfragmente

Meine Erkundung des Leeren Viertels wäre ohne die außergewöhnliche Unterstützung von *GEO* und *National Geographic* nicht möglich gewesen. Zu Beginn war nicht einmal klar, was ich in dieser abgelegenen Gegend finden würde. Vorausgesetzt, ich würde es überhaupt hin und wieder zurück schaffen. Und Reisen wie diese sind nicht gerade billig. Diese beiden Magazine standen mir in allem bei.

Ruth Eichhorn und Peter-Matthias Gaede von der deutschen *GEO* sowie Sylvie Rebbot und Jean-Luc Marty von der französischen Ausgabe finanzierte meine erste Reise in das Leere Viertel zu einer unsicheren Zeit – direkt nach den Terroranschlägen des 11. September 2001. Uwe George begleitete mich und ertrug zahllose Widrigkeiten mit mir, als wir ein größeres Gebiet erforschten, als eigentlich vernünftig gewesen wäre. Venita Kaleps von *GEO* half bei der Bearbeitung meiner Bilder.

Diese erste Reise wäre auch nicht möglich gewesen ohne die großzügige Unterstützung von Prinz Sultan bin Salman bin Abd al-Aziz Al-Saud, dem früheren Astronauten und gegenwärtigen Generalsekretär der Obersten Tourismus-Kommission in Saudi-Arabien. Prinz Sultan organisierte die Fluggenehmigungen für meine beiden Flüge im Königreich. Iyad Alzaru klopfte diese Genehmigungen für mich fest, stellte das Team am Boden und die Fahrzeuge zusammen und mich einem außergewöhnlichen Mann vor: Colonel (mittlerweile Brigadegeneral im Ruhestand) Mohammed Banounah.

Dieser führte mich durch die Wüste und ertrug geduldig die zahllosen kulturellen Patzer, die ein Amerikaner in der arabischen Welt macht. Ebenso heiter nahm er die Widrigkeiten des Geländes und die nahezu totale Zerstörung seines persönlichen Nissan Patrol hin, als wir vier Wochen lang und Tausende von Kilometern nonstop durch die Wüste fuhren. Ich stehe auch in der Schuld von Ali Al-Mari, der bei zwei Fahrten eines unserer Autos durch die Wüste steuerte und sein Herz und seine große Familie drei wild entschlossenen Ausländern öffnete. Abdallah Dajani arbeitete bei beiden Durchquerungen des Leeren Viertels als unser Dolmetscher, als ob die Strapazen einer einzigen Wüstenreise nicht schon schlimm genug gewesen wären. Die Geologen Jeff Wynn und Bill Chasteen gaben mir als »Wüstenveteranen« wichtige GPS-Punkte, wertvolle Einsichten und jede Menge praktische Tipps für meine erste Fahrt durch das Leere Viertel. Dick Doughty von der Zeitschrift *Saudi Aramco World* gab mir ebenfalls unschätzbare Ratschläge und öffnete mir einige Türen bei *Saudi Aramco*. Bei *Saudi Aramco* selbst schulde ich Robert Lebling Dank, Rick Snedeker sowie Jamal Kheiry Dank. Marianne Alireza überließ mir freundlicherweise die vergriffenen Karten für die Navigation durch die Wüste, und ihr Sohn, Tariq Alireza, gab mir wertvolle Anregungen. Wichtig für den Erfolg der ersten Reise war auch Peter Voll.

Meine zweite Wüstendurchquerung wurde durch die großzügige Unterstützung von *National Geographic* ermöglicht. Bill Allen, der damalige Chefredakteur, unterstützte dieses Projekt vorbehaltlos, ebenso wie der gegenwärtige Chefredakteur, Chris Johns. Meine Bildredakteurin Elizabeth Krist stand zu mir und half dabei, mich nach meinen Flügen in Marib, die das Misstrauen des jemenitischen Militärs provozierten, aus dem Hausarrest zu befreien. Ihre Bemühungen hätten allerdings nicht ausgereicht ohne die Hilfe von Mr. Yahya Alshawakani von der jemenitischen Botschaft in Washington, D.C. Bei meiner Planung für die Reise in den Jemen halfen mir Christopher Ebens vom *American Institute of Yemeni Studies* sowie Faris Sanabani, der Medienberater des jemenitischen Präsidenten. Marco Livadiotti von der *Universal Touring Company* organisierte alle Arrangements im Jemen und gewann Ahmed Halim als Dolmetscher, Emad Bamatraf als Führer sowie die Fahrer Mohammed Nasser al-Baidani, Mansour Raggas und Abdulkarim für uns. Abdul-Aziz bin Mohammed al-Rowas und Salim Almahruqi vom omanischen Kultusministerium ermöglichten meine Einreise in den Oman und organisierten für meinen gesamten Aufenthalt im

Donovan Webster in Khawr Hamidan

François Lagarde prüft seinen Motor

Alain Arnoux und Emad Bamatraf

Lager in Uruq al Mutaridah

Sultanat eine Militäreskorte. George Hedges und Dr. Juris Zarins informierten mich ausführlich über die Archäologie und Geografie des omanischen und jemenitischen Teils des Leeren Viertels. Ebenfalls danken möchte ich Emad Khaled, der unser zweites Auto von Riad durch die Wüste in den Oman und zurück steuerte und dabei einen von Abdallah verursachten Überschlag des Autos überstand. Ich stehe auch in der Schuld von Merilyn Phillips Hodgson, der Leiterin der *America Foundation for the Study of Man* sowie Abdu Ghaleb von GOAM, die mich Mahram Bilqis fotografieren ließen. Donovan Webster war mir ein geduldiger Freund und Vertrauter auf dieser Reise, bei der er mich als Autor für *National Geographic* begleitete.

Meine dritte Reise in die Wüste wurde durch die Großzügigkeit von Dr. Mark Beech von der *Abu Dhabi Authority for Culture and Heritage* und von Laila Al-Hassan sowie Majid Al-Mansouri vom *Abu Dhabi Wildlife Department* ermöglicht, durch die ich das ehrgeizige Auswilderungsprogramm in Umm az-Zamul besuchen konnte.

Ron Blom vom NASA/JPL lieh mir Satellitendaten für meine Feldarbeit und half mir überdies mit dem Kapitel über Satelliten in diesem Buch.

Alain Arnoux – ein Weltmeister mit dem motorisierten Gleitschirm – begleitete mich auf meine ersten beiden strapaziösen Reisen durch das Leere Viertel. Ich weiß nicht, ob ich ohne seine Großzügigkeit und Talente so erfolgreich gewesen wäre (oder überhaupt überlebt hätte). Ich danke auch François Lagarde, der mir das Fliegen beibrachte und mich auf meiner letzten Reise durch die Wüste in die Vereinigten Arabischen Emirate begleitete, mit nichts als dem reinen Abenteuer als Lohn.

Kathy Moran vom *National Geographic Magazin* bearbeitete in ihrer Freizeit die Bilder für dieses Buch. Meine Sekretärin Jessica Licciardello setzte meine fotografischen Visionen um und erweckte die Bilder auf den gedruckten Seiten zum Leben. Andrea Danese, meine Lektorin bei Abrams in New York, verwandelte die Worte eines Fotografen in die eines talentierten Schriftstellers. Nathalie Bec bei Editions de La Martinière in Paris war äußerst geduldig mit all den Verzögerungen und Komplikationen bei diesem Buch, das ohne die außergewöhnliche Unterstützung des »Königs« der Bildbände – Hervé de La Martinière – nicht möglich gewesen wäre. Ich danke auch Marine Gille, die dem Layout bei den zahlreichen Revisionen Anmut und Eleganz einhauchte.

Viele Experten aus dem breiten Feld der Arabistik halfen mir bei der Recherche: Neben den oben bereits erwähnten auch Mohammed Maraqten und Abdul Rahman Al-Ansary. Ich bin auch meinen teuren Freunden und Fotografenkollegen Ed Kashi, Gerd Ludwig und Nick Nichols zu Dank verpflichtet, die mich seit 25 Jahren immer wieder inspirieren und mir mit Rat und Tat zur Seite stehen.

Am meisten aber muss ich meiner Frau, Lisa Bannon, danken, die meine langen Abwesenheiten klaglos ertrug, während ich in einem fernen Land erhebliche Risiken einging. Bei meiner Rückkehr empfing sie mich stets mit offenen Armen. Sie war es, die meine Eindrücke und Gedanken sammelte und sie zu einem Manuskript für dieses Buch einschmolz. Bei meiner ersten Reise durch die Wüste waren unsere Zwillingssöhne gerade ein paar Monate alt. Ich denke, ich habe in den Sandstürmen besser geschlafen als sie, die sich um unsere Familie kümmerte.

Zu guter Letzt wären meine Reisen in Arabien ohne die Gastfreundschaft der Araber schlicht unmöglich gewesen. Nirgendwo sonst auf dieser Welt habe ich so viel Großzügigkeit gegenüber einem vollkommen Fremden erlebt. Ob Prinz oder barfüßiger Beduine, die Araber umsorgten mich in einem Ausmaß, das fast beschämend war. Ich habe mich oft gefragt, wie es einem Beduinen erginge, der in seiner Landestracht meine Straße in einer Vorstadt in New Jersey entlangginge. Ich zucke bei dem Gedanken zusammen. Viele meiner Landsleute wundern sich, dass ich so gerne in Ländern unterwegs bin, die vielen Amerikanern feindlich erscheinen. Aber meiner Erfahrung nach behandeln die Araber einen Gast wie einen Bruder – nur besser.

Impressum:
Ein Buch der Partner Frederking & Thaler und GEO

Die Deutsche Nationalbibliothek verzeichnet diese Publikation in der Deutschen Nationalbibliografie; detaillierte bibliografische Daten sind im Internet unter http://dnb.d-nb.de abrufbar.

Originaltitel: *Mirage d'Arabie*, Editions de la Martinière, Paris

Gestaltung: Marine Gille

www.frederking-thaler.de

Übersetzung aus dem Englischen von Verena Küstner

Produktmanagement: Carl-Christian Steinbeißer, Anett Schwarz
Umschlaggestaltung: Waldmann & Weinhold, Kommunikationsdesign, Augsburg
Produktion: VerlagsService Dr. Helmut Neuberger & Karl Schaumann GmbH, Heimstetten

Printed in Malaysia

ISBN 978-3-89405-758-9

Bildnachweis:
Alle Fotografien von George Steinmetz, außer folgende:
S. 17 (4. Fotos) Archiv Bertram Thomas, mit Genehmigung der Angehörigen; S. 18 (1., 2. und 3. Foto), aus Bertram Thomas, Arabia Felix, 1932; S. 21 (2. Foto), S. 23 (2. Foto) Alain Arnoux; S. 17 (2. Foto) Courtesy of USGS, Fotografie von Elwood Friesen; S. 29 (1. Foto) Department of the Interior United States Geological Survey, Kingdom of Saudi Arabia Ministry of Petroleum and Mineral Resources, Miscellaneous Geologic Investigations Carte I-215A; S. 196, S. 205 DigitalGlobe/Terraserver; S. 17 (3. Foto) Glasgow Herald; S. 184, 186, 188, 190, 192, 194, 198, 200, 202, 204–205 Images Landsat, Ronald G.Blom und Robert E.Crippen für das Mahra Archäologie Projekt; S. 183 Landsat-7 ETM+NASA 1999-2000, zusammengestellt von Angela C. King/NASA Landsat; S. 35 (2. Foto) Mark Beech; S. 18 (4. Foto), S. 19 (1. Foto) Middle East Centre Archive, St Antony's College, Oxford. Philby Collection; S. 16 (2. Foto), S. 19 (2. Foto, 3. Foto, 4. Foto), S. 20 (1. Foto, 2. Foto, 3. Foto, 4. Foto), S. 34 (4. Foto) Pitt Rivers Museum, University of Oxford, für die Fotografien von Wilfred Thesiger; S. 14 Michelin-Karte 954: Genehmigungsnummer 0905736, Michelin, 2009 MICHELIN

Zitatnachweis:
Seite 12: Dr. Seuss, *Oh, the Places You'll Go!*
Seite 17: Bertram Thomas: *Arabia Felix*. S. XXV.
Seite 18: *Philby of Arabia*, S. 164.
Seite 18: Wilfred Thesiger, *Die Brunnen der Wüste*, 8. Auflage, 2008, Piper Verlag, S. 317–318.
Seite 19: Wilfred Thesiger, *Die Brunnen der Wüste*, 8. Auflage, 2008, Piper Verlag, S. 132–133.
Seite 19: Wilfred Thesiger, *Die Brunnen der Wüste*, 8. Auflage, 2008, Piper Verlag, S. 281–282.
Seite 44: Wilfred Thesiger, *Die Brunnen der Wüste*, 8. Auflage, 2008, Piper Verlag, S. 317.
Seite 72: Wilfred Thesiger, *Die Brunnen der Wüste*, 8. Auflage, 2008, Piper Verlag, S. 15.
Seite 94: Wilfred Thesiger, *Die Brunnen der Wüste*, 8. Auflage, 2008, Piper Verlag, S. 15.
Seite 116: Wilfred Thesiger, *Die Brunnen der Wüste*, 8. Auflage, 2008, Piper Verlag, S. 17.
Seite 158: Bertram Thomas: *Arabia Felix*.